我为车狂系列

一本书看懂汽车设计

历史、概念与方法

[美] 托尼·卢因（Tony Lewin） 编著

王选政　王舒同　译

机械工业出版社

CHINA MACHINE PRESS

《一本书看懂汽车设计：历史、概念与方法》首先简述了汽车设计的历史演进与时代特征，接着从概念与方法、创意与风格、工程与技术等维度，结合对经典设计作品、著名设计师、知名汽车制造商和设计公司的介绍，综合阐述了汽车设计的内涵与外延，生动干练的文字，配合简洁明快的彩色简笔画，兼具专业性与趣味性。

本书既适合作为有志于从事汽车设计工作的读者的专业入门读物，也适合作为汽车爱好者的科普读物。

Tony Lewin, Speed read car design：the history, principles and concepts behind modern car design

ISBN 978-0-7603-5810-8

© 2017 Quarto Publishing Group USA Inc.

First published in 2017 by Motorbooks, an imprint of The Quarto Group, 100 Cummings Center, Suite 265-D, Beverly, MA 01915, USA.

Simplified Chinese Translation Copyright © 2023 by China Machine Press. This edition is authorized for sale in the Chinese mainland（excluding Hong Kong SAR, Macao SAR and Taiwan）.

All rights reserved.

本书中文简体字版由 Quarto Publishing Group USA Inc. 授权机械工业出版社在中国大陆地区（不包括香港、澳门特别行政区及台湾地区）独家出版发行。未经出版者书面许可，不得以任何方式抄袭、复制或节录本书中的任何部分。

北京市版权局著作权合同登记　图字：01-2022-4552 号。

图书在版编目（CIP）数据

一本书看懂汽车设计：历史、概念与方法 /（美）托尼·卢因（Tony Lewin）编著；王选政，王舒同译 . —北京：机械工业出版社，2023.2（2024.11 重印）

（我为车狂系列）

书名原文：Speed Read Car Design：the history，principles and concepts behind modern car design

ISBN 978-7-111-72736-1

Ⅰ. ①一⋯　Ⅱ. ①托⋯ ②王⋯ ③王⋯　Ⅲ. ①汽车—设计　Ⅳ. ① U462

中国国家版本馆 CIP 数据核字（2023）第 040037 号

机械工业出版社（北京市百万庄大街 22 号　邮政编码 100037）

策划编辑：孟　阳　　　　　　责任编辑：孟　阳
责任校对：肖　琳　张　征　　封面设计：马精明
责任印制：张　博

北京利丰雅高长城印刷有限公司印刷

2024 年 11 月第 1 版第 3 次印刷

169mm×239mm · 9.75 印张 · 236 千字

标准书号：ISBN 978-7-111-72736-1

定价：99.00 元

电话服务　　　　　　　　　网络服务
客服电话：010-88361066　　机 工 官 网：www.cmpbook.com
　　　　　010-88379833　　机 工 官 博：weibo.com/cmp1952
　　　　　010-68326294　　金 书 网：www.golden-book.com
封底无防伪标均为盗版　　机工教育服务网：www.cmpedu.com

译者序

毫无疑问,汽车是人类公认最伟大的发明之一,从其诞生至今的时间不过才一百多年,却前所未有地影响和改变了人类的生活方式,重塑了社会的面貌,推动了文明的进步。符号学家罗兰·巴特曾经这样评价汽车,称其与中世纪伟大的哥特式教堂一样,是至高无上的创造,是人类纯粹的圣物。按照他的逻辑来看,汽车设计就应该是创造"圣物"的神圣活动了。

汽车设计伴随着汽车工业的发展而诞生,二十世纪三十年代,哈利·厄尔在美国通用汽车成立了"艺术与色彩部",这通常被认为是现代汽车设计制度的开端。随后,千姿百态的汽车被不断设计和生产出来,进入人类的生活之中。汽车逐渐地超越了交通工具属性,进阶成为独具特色的社会文化现象。众多的经典汽车设计在满足了民众消费需求的同时,也塑造了重要的文化符号,汽车设计自然就兼顾了服务产业和服务社会的双重功能。伴随着新世纪智能化浪潮的冲击,全球汽车产业正在发生从制造业到科技业的属性迭代,汽车设计的内涵与面向,在业已完成从交通工具设计到出行创新设计升维的同时,面临着巨大的不确定性。

如同本书的名字一样,汽车专栏作家托尼·卢因从历史、概念和方法的角度,以异常简洁的方式阐述了有关汽车设计的全部内涵。这对于站在今天的时间点上去思考汽车设计以及汽车产业面临的巨大不确定性,探寻未来产业标准的可能性,无疑有着扎实的支撑作用。作为国内重要的美术院校,中央美术学院在汽车设计教育领域的实践获得了广泛的认可,形成了独有的教育范式和标准,在机械工业出版社的通力协作下,有能力也有义务将这本优秀的汽车设计专著以专业性的翻译带到中国,一方面为汽车爱好者提供汽车设计领域的简明工具书,另一方面为汽车设计的从业人员和院校师生提供业务参考书,最重要的是在自主汽车产业快速发展的背景下,为探讨如何建构中国式的汽车设计标准和出行创新设计教育标准提供了标杆与数据。本书虽是一本小册子,却关注了最重要的国家支柱产业的时代命题。

王选政
中央美术学院设计学院
教授、博士生导师

序
为什么好的设计会引起共鸣

从童年时代开始，我便深受现代主义和
简约设计的启发。无论是建筑设计、腕表设
计，还是日常用品设计，我深信设计可以丰富
我们的生活和精神世界。毫无疑问，最引人注
目的设计应当是超凡脱俗且能与人共情的。

对我而言，一个能在情感层面与人产生
共鸣的设计，至少需要满足三点才能令人真正
信服。首先是内心层面：我能否对它一见钟
情？其次是行为层面：它是否恰到好处地在功
能上经久耐用？第三是反思层面：使用过一段
时间之后，我是否还渴望继续拥有它？它是否
还可以被继续使用，以及我与它是否建立起了
积极的情感联系？

于我而言，当谈到汽车设计时，这种情感
联系可能会更强烈地表现出来。充满魅力的汽
车设计往往会吸引消费者的关注，这决定了它
在市场上成功与否。

捷豹路虎全球首席创意官　哲芮勋

很明显的一点是，消费者对设计的欣赏是主观的，而专业的汽车设计师都知道，令人信服的设计
的核心问题是把汽车设计的基本要素梳理清晰，例如体积、比例、姿态、车身车轮布置关系、全车总
体布置，等等。汽车设计是件复杂的事，但在将上述要素都处理好之后，与消费者的情感联系就初步
建立起来。

路虎的 Velar 车型就是典型的例子，它拥有精美的比例和体量感，它的外形轮廓令人惊叹。22 英寸的大轮毂与雕琢精美的轮拱之间的关系，经过汽车设计师的刻意调整，体现出戏剧性与敏捷性的完美结合。Velar 车型的内饰设计如同恬静的世外桃源，在这里，技术被设计师精心隐藏起来，而点亮高科技触屏的流畅体验又会在需要的时候唾手可得。Velar 车型是在完整的现代主义方法驱动下设计完成的。

设计领导力对于成功的汽车设计至关重要。设计领导力会使开发团队成员愿意跟随你的步伐。如果你能引导工程师，去帮助他们，并表现出你想支持他们，一同创造出真正特别的作品，设计师与工程师就会有更好的协作关系，这有利于实现创造性的和谐统一。设计与工程在汽车设计的过程中一直处于冲突状态，平衡好两者之间的关系异常关键，这样才能催生经典设计。

沟通也起着重要的作用。设计领导者需要清晰阐明设计愿景，同时能对各种争论进行理性研究，以顺利地支撑设计愿景——当然，品牌的 DNA 也必须与这一愿景相一致。设计是传达品牌形象的渠道。

在路虎，我一直努力为品牌植入以卓越设计为核心的愿景。虽然汽车设计是需要跨领域协作的实践，但有一点对设计领导层而言非常明确，那就是按部就班的设计会导致平庸，因此我对这种做法毫无兴趣。

哲芮勋（Gerry McGovern）
捷豹路虎全球首席创意官

前言

从福特 T 型车到特斯拉 Model S，从富人的娱乐工具到广义的出行工具，自卡尔·本茨（Karl Benz）发明了世界上第一辆汽车开始，汽车在这个世界上已经走过了 130 余年的漫长旅程。

一路走来，有无数或大或小的发展，其中最引人注目的是福特 T 型车，它开启了大规模生产的先河，使汽车在美国得到普及，并间接影响了全世界。还有了不起的雪铁龙 DS 和它在 1955 年呈现的面向未来的设计。随后，奥斯汀（Austin）MINI 开创性地变革了小型汽车的设计方式。1997 年，丰田普锐斯（Toyota Prius）首次向世界展现了混合动力技术，紧随其后的日产聆风（Nissan Leaf）和特斯拉（Tesla），则开启了纯电动汽车的时代。

上述案例，都是在改善汽车功能、优化销售价格，以及努力将汽车工业对全球环境影响降至最低方面的里程碑式设计。与这一过程一同吸引人们目光的，还有一批杰出的汽车设计师，他们通过不断突破美学的边界、协同工程的进步、塑造更纯粹的体验，丰富了汽车世界的发展，为此我们应当向他们致敬。

本书追溯了第一批汽车设计师的灵感来源，追踪了那些历久弥新的经典汽车设计、相关的汽车设计师，以及造就这一切的工艺、艺术和科学，他们塑造了今天我们对于汽车的基本认知。本书介绍了汽车设计师在技术不断进步和法规愈加严格的背景下，如何保持前瞻的视野，满足消费者不断变化的需求，同时设计出具有美学吸引力的汽车。最后，本书讨论了时尚化的汽车产业正在发生的迭代巨变，这些戏剧性变化在为某些汽车品牌带来光明前景的同时，对另一些品牌却敲响了衰退和绝望的警钟。

本书还将依据不同时代赋予汽车的独特风格进行分类：20 世纪 20 年代的古典优雅；20 世纪 50 年代的奢华浮夸；20 世纪 80 年代和 90 年代略显克制的平淡；21 世纪的将高端汽车品牌推向新发展阶段的个性和品牌识别重塑。今天的汽车设计正站在十字路口和转折点上，汽车产业的每个游戏玩家都想成为未来行业的制霸者，另有后来者通过标榜自己是清洁的、绿色的、有道德的、高品质的品牌来另辟蹊径。汽车产业的前途正面临着巨大的未知，传统汽车制造商通过上百年时间积累的经验，与即将到来的汽车消费浪潮之间的关联性，因电动汽车和自动驾驶技术的出现而开始显著减弱。诸如特斯拉这些新兴的造车势力，则获得了汽车产业和市场中千载难逢的良机。

今天，汽车设计师面临的挑战是如何激励年轻世代和都市群体，对他们来说，汽车只是众多生活方式选择中的一种，而不是必需品。他们会通过共享计划来使用而非占有汽车；在他们的潜意识里，已经不再认同曾经的汽车分级制度；他们更乐于被汽车设计的风格所左右，而不再关心隐藏在汽车外壳下的内容。他们不必再被约定俗成的动力性能知识和强调以驾驶者为中心的操控技术知识所困扰。

面对新世代客户群体（无论是对汽车有感情的还是没有感情的），汽车设计师不得不寻找新的方法去激发他们的情感，促使他们去选择被称为"汽车"的产品——尽管在未来，他们的父辈和祖辈热衷的气缸、涡轮和咆哮的排气声浪都不会再出现在汽车上。汽车设计的未来正面临着一项巨大的挑战。

托尼·卢因（Tony Lewin）

目录

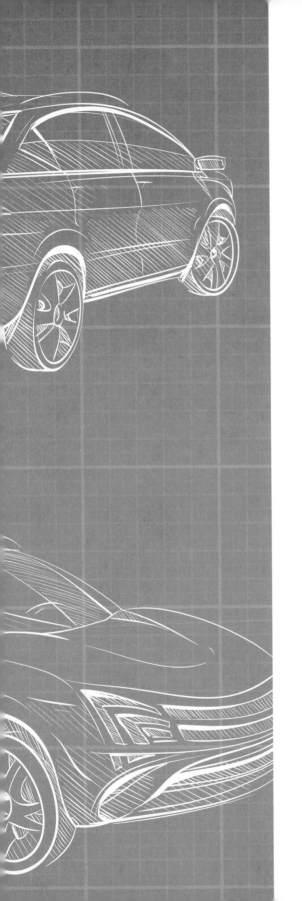

第1章
汽车设计的诞生

综述　汽车设计的诞生
设计——伟大的差异化因素

　　世界上第一辆汽车诞生时，设计几乎没有发挥任何作用。即使是工程设计——我们使用了一个充满敬意的术语——也没有真正地参与进来，因为发明汽车的先驱们习惯性地使用马车时代的材料来即兴创作。汽车的舒适性与造型风格完全无关紧要：压倒一切的首要任务是这个机械装置能够启动，而且不会频繁地发生故障。

　　快进到 120 年后的今天，观察汽车产业的大规模生产方式和立场，情况则截然不同。如今，我们认为汽车拥有高性能和绝对可靠的安全性是再平常不过的事，似乎只有设计才能让一个车型看上去与另一个车型迥然不同。由汽车的视觉感受、驾乘体验、品质感等等叠加在一起形成的汽车形象系统，变得至少与工程和汽车行驶在公路上的反馈一样重要。简言之，汽车设计已经成为同质化时代最伟大的差异化因素，设计风格则是叩动客户心扉的新门票。汽车，像时装一样，已经变得工业化、商品化和商业化。时尚因素相较于技术水平而言，更近乎成为推动汽车产业发展的动力。

　　上述原因将汽车设计——以及由此产生的汽车设计师——提升到了新的高度。现在，汽车设计师既是品牌的缔造者，又是品牌的守护者，是设计师将汽车的品牌信息和价值进行了视觉化呈现。

　　但情况并非一直如此。早期的大部分经营者对其汽车产品的外观设计不甚关心，直到 20 世纪 20—30 年代，一部分制造商才开始对其车型所传递的视觉信息进行保护。

　　亨利·福特（Henry Ford）规定所有福特生产的汽车都必须是黑色的基础款式；文森佐·蓝旗亚（Vincenzo Lancia）和安德烈·雪铁龙（André Citroen）则将工程创新与优雅的风格融为一体；当查尔斯·罗尔斯（Charles Rolls）和亨利·罗伊斯（Henry Royce）为他们的产品设计了富丽堂皇的散热格栅，却将车身的美学塑造委托给外部工匠时，埃托里·布加迪（Ettore Bugatti）与他的儿子让（Jean）合作，生产出至今仍被视为艺术品的惊为天人的完整汽车。后来，威廉·里昂（William Lyons）依靠对风格的敏锐直觉，确保了所有捷豹汽车都具有轻盈、蜿蜒的优雅感，而当今的汽车公司，例如奥迪，则通过一丝不苟地对待汽车设计的所有要素建立了声誉。

　　虽然捷豹的里昂时代与后来的奥迪设计相隔数十年，但两者有一个共同点，就是强大的个性，它们都有对风格的敏锐眼光与强大的品牌形象。今天，对于汽车设计的决策，企业的共识可能已经取代了经营者的个人选择，但对于设计作用的共识是没有改变的：好的汽车设计会极大提高市场占有率，这对建立强大的汽车品牌地位尤为关键。今天的汽车设计与过去最大的不同是优质的设计开始变得民主化：多亏了像雷诺这样的汽车公司，作为先驱者将设计提升到企业战略层面，真正的好设计是人人都可以接受的，而不仅仅是服务于少数幸运者。

汽车设计的诞生
物种进化

跨界车、猎装车、四门轿跑车、敞篷越野车，关于车身类型的名词似乎无穷无尽，这也让我们面对千变万化的车身时，很容易产生困惑，但情况一直如此吗？

在 20 世纪 50—60 年代，当轿车和旅行车占据主导地位时，汽车种类的变化并不多。这是技术原因所致，汽车制造商当时只掌握了承载式车身技术，因此增加更多的车身样式是不经济的。到了两次世界大战之间，车身风格的选择开始多元化：此时的技术支持在独立底盘上制造车辆，车身不再是结构元素，因此选择变得丰富起来。

几乎所有车身类型的起源，都可以追溯至 20 世纪初出现的那些车身款式。车身制造商[①] 将马车风格应用于汽车底盘上：Saloon 完整的车顶结构可以保持车厢的温暖，而 Limousine 和 Brougham[②] 则让驾驶者暴露在寒风之中。Landaus 和 Phaetons 车型的车身后部可以打开；coupés 是简单的删减形式。跑车（Sports cars）则沿着极简主义和更低的底盘这一相对独立的路径发展，在 1936 年符合空气动力学的宝马 328 出现之前，汽车都保持着鲜明的风格与功能。

在战后的十年里，大型化成为共识，双座跑车是那个时代的亮点。到了 20 世纪 60 年代，小型汽车兴起，出现了将成为主导车身类型的第一个标杆——掀背式汽车（Hatchback）。20 世纪 70 年代，路虎揽胜（Range Rover）为 20 世纪 90 年代末的运动型多功能车（SUV）热潮埋下了伏笔，这反过来又导致了 2010 年后跨界车的出现，因为汽车制造商将 SUV 的设计理念与大规模生产的汽车平台进行了很好的融合。

随着 21 世纪 20 年代的临近，汽车设计的趋势变得清晰起来：各种形态和尺寸的电动汽车、紧凑但外观强硬的城市跨界车、低矮运动的四门轿跑车，对于跨界设计思想的运用带来了更多具有功能多样性的车型。随后，零排放汽车也如约而至，它们被纳入城市出行创新系统中——这将是汽车设计的崭新方向。

---

① 车身制造商：Coachbuilder，在汽车工业早期，汽车消费者会从汽车制造商处购买底盘等机械部分，然后通过车身制造商为底盘匹配按个人喜好定制的车身及内装等部分，最终形成一辆完整的汽车。

② Saloon、Limousine、Brougham：皆为马车的类型名称，后来也作为汽车的类型名称使用。

汽车设计的诞生
汽车设计的黄金时代

如果有哪个年代可以称为纯粹风格的黄金时代，那一定是 20 世纪 20 年代和 30 年代——爵士时代。对汽车来说，那个时代提供了所有的成功要素：汽车是彼时最新锐且最激动人心的产品，技术正飞速发展，也没有令人厌烦的规章制度来阻碍设计师的创造力和客户的想象力。

在这一时期，对汽车发展起到决定性作用的是定制者，他们无一例外都是富人，并且都想给世人留下深刻而难忘的印象。那是一个富裕的工商业者和高薪的好莱坞电影明星崛起的时代，与此同时，世界范围内的贵族们依旧拥有可供挥霍的资本，这些人购买定制的、专属的汽车的方式，与消费艺术品的方式一脉相承。事实上，这一时期许多奢侈设计往往指向了汽车——奢华的移动雕塑，使车主可以随时随地通过驾驶的汽车来宣扬自己的高雅品位。

当时盛行的行业文化也起到了一定作用。英国的巴克（Barker）和穆里纳（Mulliner），以及法国的沙普龙（Chapron）等车身制造商会在客户选择的底盘上塑造并制作风格独特的车身造型，他们发挥了无限的想象力和艺术表现力，也可以自由地使用奢华材料。所有的劳斯莱斯（Rolls-Royce）汽车都是以这种方式生产出来的。

在这个最迷人的时代，脱颖而出的品牌包括美国的林肯（Lincoln）、科德（Cord）、杜森伯格（Duesenberg）和奥本（Auburn），英国的拉贡达（Lagonda）和戴姆勒（Daimler），法国的伏瓦辛（Voisin）、德拉耶（Delahaye）、德拉吉（Delage）和塔尔博特-拉戈（Talbot Lago），以及德国的梅赛德斯（Mercedes）、奔驰（Benz）和霍希（Horch）——在 1926 年以前它们是彼此独立的公司。在汽车制造商中，作为法国装饰艺术的杰出代表——费戈涅特与法拉奇（Figoniet Falaschi）和萨奥奇克（Saoutchik）都是极具想象力的品牌，它们的产品拥有巨大的流线形车身，船形尾部，以及夸张的前挡泥板整流罩。

与此同时，一场技术竞赛正在上演，几乎所有的高端生产商都在他们的产品中使用了 V12 发动机。凯迪拉克（Cadillac）甚至一度采用了 V16 发动机，布加迪 1926 年推出的皇家车型（Royale）在奢华程度上无人能及。遗憾的是，这个汽车设计的黄金时代因战争的爆发戛然而止。

汽车设计的诞生
权力属于民众

福特T型车（Model T）

轻巧、简单、坚固，1908年的T型车只需要93分钟就可以完成组装，而之前的时间长达12小时。这让车价降到了260美元以下，使几乎每个人都能买得起，包括制造T型车的工人，这引发了一场社会变革。

特拉贝特（Trabant）：来自铁幕的答案

如果缺少了特拉贝特汽车，任何关于国民车的客观描述都是不完整的。这款拥有小巧塑料车身的两门汽车，搭载了二冲程发动机，在1989年柏林墙倒塌前的30年里，满足了东欧大部分地区民众的机动化需求。

塔塔（TATA）NANO

印度塔塔汽车的首席执行官拉坦·塔塔（Ratan Tata）自豪地宣布，这款车将是使数百万骑摩托车的印度家庭有经济能力承受、拥有和使用的安全的汽车，2008款NANO车型的定价为2000美元。但造价很快便不断攀升，消费者也拒绝接受它脆弱的结构和像鸡蛋一样的造型，这是一款失败的车型。

从维多利亚时代早期开始，用机动化来武装民众一直是工程师们的梦想，但直到亨利·福特重新设计了流水线生产方式，并于1908年推出了价格仅为850美元，后来又降至260美元的全新T型车（Model T）时，这个梦想才变得触手可及。

T型车的巨大成功使美国成为车轮上的国家，这足以载入史册。欧洲人很快就开始模仿福特：莫里斯（Morris）批量生产了191台低成本的牛津（Oxford）车型，赫伯特·奥斯汀（Herbert Austin）更进一步，设计了小巧的奥斯汀7型（Austin 7）汽车，即所谓的"婴孩奥斯汀"（Baby Austin），这款车畅销于各个市场，甚至成为宝马在德国设计研发的第一款汽车的参照基础。

在意大利，由传奇人物丹特·贾科萨（Dante Giacosa）于1936年设计的紧凑型菲亚特500 Topolino车型，在促进意大利各地区的机动化方面发挥了重要作用，它直到1955年才停止生产——被更大的、采用后置发动机布局的菲亚特600车型所取代。贾科萨随后在1957年推出了Nuova 500车型，这是另一款著名的成功车型。设计上更紧凑的雪铁龙2CV车型在1938年首次亮相，与菲亚特并驾齐驱，一直生产到1988年。而被认为是德国"国民车"的大众第一代甲壳虫（Type 1 Beetle）车型的生命力则更为顽强，直到2003年才停止生产。

20世纪50年代，整个欧洲的燃料和材料短缺导致了被称为"泡泡车"的小型圆顶汽车的兴起，宝马公司凭借双座伊塞塔（Isetta）车型在这股热潮中获利颇丰。在英国，BMC（奥斯汀与莫里斯成立的联合公司）于1959年推出了MINI汽车，将发动机传动组件前置以达到紧凑灵活的处理效果，这是对小型汽车结构设计的颠覆性思考。虽然MINI汽车充满情趣，但它几乎没有为制造商带来利润，而像福特这样精明的制造商则意识到：简单但尺寸更大的汽车可以带来更高利润。

不久后，超小型车阵营就变得无比复杂，代表车型有雷诺5（Renault 5）、标致205和福特嘉年华（Fiesta）等；而消费者对安全问题的日益关注，使得真正意义上的超小型车的制造成本很难比紧凑型车更低，尺寸更大的汽车逐渐成为当时的焦点。直到2000年，随着Smart车型的出现，超小型车的话题才被再次提起。现在，随着成熟汽车市场的发展停滞，发展中地区提供了主要的市场扩张机遇，像雷诺Logan这种尺寸大且设计朴素的车型有可能成为畅销产品。

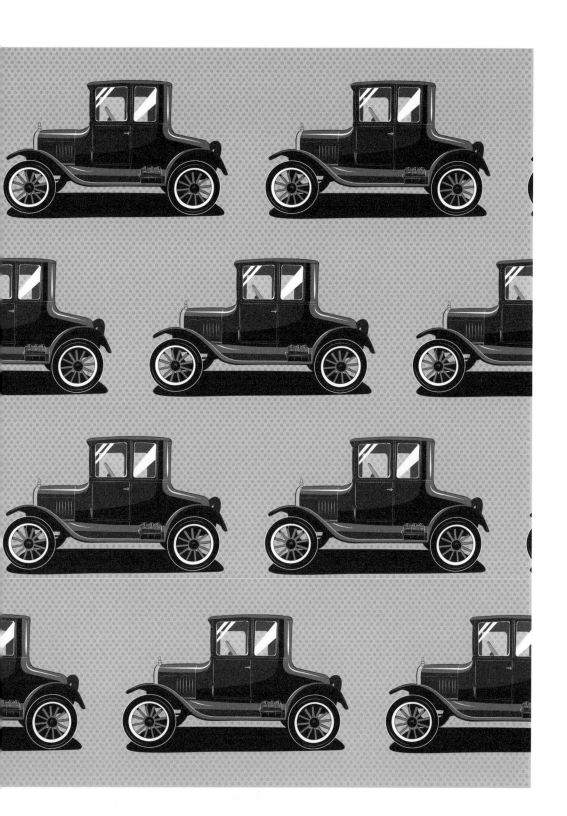

哈利·厄尔

哈利·厄尔（Harley J. Earl）可能不是世界上第一位职业汽车设计师，但他肯定是首位获得明星地位的汽车设计师。之所以能做到这一点，是因为他对促使公众选择消费特定汽车的原因有着敏锐且直观的感知。他很清楚，对广大消费者而言，汽车的工程技术或性能并不会得到特别关注，而汽车能为消费者呈现出的未来愿景才是关键之处。

厄尔出生在洛杉矶一个从事车身制造业务的家庭，他的家族一直为依靠新兴的好莱坞电影业崛起的富豪明星和企业家们提供定制车服务。家族生意的耳濡目染赋予了厄尔在设计方面的天赋，他的才华很快就被时任通用汽车公司（GM）总裁阿尔弗雷德·斯隆（Alfred P. Sloan）发现，当时通用汽车公司旗下的品牌包括别克（Buick）、雪佛兰（Chevrolet）、凯迪拉克（Cadillac）、奥兹莫比尔（Oldsmobile）和后来成为庞蒂亚克（Pontiac）的奥克兰（Oakland）。

斯隆是一个对汽车产业具有里程碑意义的人。他是第一个提出现代市场细分方法的人，设计了一种能满足各层次消费需求和购买目的的品牌层级系统，雪佛兰品牌在这个系统中作为基础，而凯迪拉克品牌则是顶点。斯隆很快意识到，像厄尔这样有能力将梦想变为现实的人，可以让这一品牌战略更加强大：设计和造型将成为营销的组成部分，而不只是工程设计后的点缀与修饰。

因此，通用汽车在1927年成立了艺术和色彩部门（Art and Colour Section），这是汽车制造商中第一个独立建制的设计工作室。厄尔引入了制作油泥模型的方法，使设计部门的理念可以在三维空间中得到全面展示：凯迪拉克La Salle车型是这套体系最早的成果，色彩与装饰体系的开发也是他们的重要举措之一，这与亨利·福特保守的纯黑汽车色彩策略形成了鲜明对比。

新设计的车型很快接踵而至，年度造型改款模式的建立使得客户的消费兴趣始终保持在较高水平。1933年的芝加哥世界博览会，是厄尔展示通用汽车最新设计成果和未来概念车型的天赐良机：凯迪拉克的V16空气动力学跑车（V16 Aero-Dynamic Coupe）开创了全钢车身结构的先河，尤其是它一体式的车顶结构，这在后来被称为"炮塔顶"（Turret top）。

到了1938年，厄尔对于未来的规划变得更加雄心勃勃，正如别克Y任务（Y-Job）车型所展示的那样，它被视为世界上第一款概念车，因为这款车的设计目的不是投入量产，而是测试公众对崭新的前瞻设计和工程理念的反应。许多全新的设计创意，例如可电动升降的车顶，将于20世纪40年代末出现在量产车上，因为当时的厄尔正痴迷于喷气式飞机的设计风格。1948年的凯迪拉克开创了采用尾鳍造型进行汽车设计的先河，这一热潮持续了十多年。20世纪50年代，通用汽车的"汽车寻梦旅"（Motorama）路演在美国巡回展出，诸多更具未来感的"研究型汽车"不断涌现，它们给整整一代汽车消费者带来了终生难忘的兴奋体验。

汽车设计的诞生
风格的兴起

快时尚

20世纪30年代，汽车制造商为争夺具有时尚意识的买家，纷纷效仿通用汽车的设计战略，这使得每年更新汽车造型设计的做法在美国流行开来。这一方式在20世纪50年代发展到近乎歇斯底里的地步，但到了20世纪70年代，在安全和排放成为民众的关注焦点后，这一方式逐渐偃旗息鼓。

反风格宣言

20世纪50—60年代，大众汽车在美国营销的核心策略是"自嘲"，声称甲壳虫汽车缺乏风格，形成了反风格宣言，以引导消费者警惕其美国本土竞争对手的过度、奢侈设计行为和有计划废止制度。

风格主导品牌

当汽车品牌的设计风格和视觉呈现由一个关键人物或一个关键家族掌控时，其传承性更容易实现。威廉·里昂斯（William Lyons）的设计天赋和直觉确保了20世纪60年代末之前所有的捷豹汽车都是优雅的，并且是如猫科动物般的优雅；而保时捷自1948年首次推出跑车以来，一直严格控制其所有跑车的线条设计风格。

福特 T 型车在 1908 年开启大规模生产时代后，汽车几乎成为每个劳动者都可以追求的产品。在欧洲，福特的流水线生产方式被广泛模仿，其中一些车厂专注于进一步提高效率和降低价格，而另一些车厂则试图通过引入新的工程特性来改进汽车设计。

在美国出现了另一种思路。福特公司削减成本的方法取得了惊人成功，但有观察者认为这是一场逐底竞赛：由于汽车的设计和生产始终保持简单耐用的特点，多年来几乎没有任何变化，让车主几乎没有理由去消费新的车型，这又导致保持工厂全速运转举步维艰。

相比之下，福特公司的竞争对手通用汽车公司则启动了堪称经典的营销战略，涉及多层次的品牌结构体系，采用创新的造型设计取代工程设计或成本削减，作为主要的营销工具。汽车设计的时代已然开启，设计是一个非常有效的秘诀，众多竞争对手不得不效仿通用汽车，开始组建自己的设计业务部门并推出明星设计师。汽车不再只是工程特征的组合，它已经成为时尚产品，每年更新的"年度车型"设计都会受到热切期待。

如同军备竞赛的汽车设计竞争在 20 世纪 50 年代达到了顶峰，设计师们每年都急于重新设计各种车型，这导致了过度设计的出现，主要体现在装饰件、细节设计和对尺寸的过度追求方面。这些特征甚至跨越了大西洋，出现在福特（Ford）、陶努斯（Taunus）、欧宝（Opel）和沃克斯豪尔（Vauxhall）等美资欧洲汽车品牌上，与标致和 BMC 等传统欧洲汽车制造商形成鲜明对比，后者通过与宾尼法利纳（Pininfarina）等设计公司合作，形成了独具风格的设计特征。

当然，在每个崇尚考究的汽车设计价值的车厂内，仍有人坚持认为应该优先考虑工程因素。不过进入 21 世纪后，这些声音几乎已经消失了：在汽车性能的"同质化"时代，只有设计使不同的车型可以独立存在。车型在市场上成功与否的关键在于设计师，而不再是工程师。

词汇表　汽车车身样式和类型

Berline（法国），Berlina（意大利）： 带有独立行李舱的轿车。

Berlinetta（意大利）： 运动型双门轿车。

Break（法国）： 旅行车。

船尾（Boat-tail）： 长而细的尾部，让人联想到船的尾部；在第二次世界大战时期很流行，并在 1960 年代电影《毕业生》(*Graduate*) 中由阿尔法·罗密欧 Spyder 车型复兴。

Brougham（美国）： 经典的马车风格，前部开放，后部封闭。

Cabriolet, cabrio（敞篷车，敞篷跑车）： 车顶可以打开的轿车或掀背车样式。

敞篷车（Convertible）： 一般有全长开顶设计的车型。

轿跑车（Coupé）（法国）： 字面意思是"切割"，具有较低的车顶线，较低的结构，减少（或没有）后座的运动车型。

跨界车（Crossover）： 具有较高轮廓的车型，但不一定采用四轮驱动或有越野能力。

跨界轿跑车（Crossover coupé）： 具有快背式后顶线和 / 或较低轮廓的 SUV 或四轮四驱车型（4x4）。

折篷车（Drophead）： 采用折叠式车顶的轿跑车。

连厢车（Estate car）（英国）： 旅行车。

快背式（Fastback）： 倾斜的后车顶线，形成两厢车的外形，相对三厢轿车外形而言。

四驱车（4x4）： 具有全轮驱动能力的四轮越野车的总称。

硬顶车（Hardtop）： 最初指没有中央支柱（B柱）的双门跑车或轿车。

掀背车（Hatchback）： 行李舱盖铰接在后风窗上部的车身样式，后排座椅可以折叠，以便装载货物。

Kombi（德国）： 旅行车。

Landau, Landaulet： 采用封闭的前舱和可开启的后舱，通常用于政要国事活动的车型。

豪华轿车（Limousine）： 大型汽车，通常由专职司机驾驶，有隔板将司机与乘客分开。现在适用于标轴豪华车的加长版。

小型货车（Minivan）（美国）： 外形较高的多功能车，可搭载 7 名或更多乘客，也称为 MPV 或载人货车（People varrier）。

辉腾（Phaeton）： 传统上是一种大型的、完全开放的豪华汽车，大众汽车公司将其作为车型名称使用。

跑车（Roadster）： 双座开放式跑车，有时没有前风窗玻璃。

Sedan（美国）、Saloon（英国）： 三厢设计、带独立行李舱的车型，相对掀背车、旅行车而言。

Sedanca： 有开放式驾驶室的车型，但后排的乘坐空间是封闭的。

猎装车（Shooting Brake）： 最初是具有较低车顶线的旅行车，现在适用于具有快背式后部轮廓的运动型旅行车。

运动型多功能车（Sports Utility Vehicle, SUV）： 具有初级越野能力的高级旅行车的总称，不一定采用 4×4 设计。

Spyder、Spider（意大利）： 敞篷跑车或双门跑车的衍生车型。

Station Wagon： 有加长的车顶线、行李舱门和可折叠的后座的车型。

TARGA： 最初是保时捷的专有术语，指带有可拆卸车顶板的车型，后风窗保持原位。

鱼雷形（Torpedo）： 经典的跑车车身风格，具有缩小的车门开口。

Tourer： 最初是轿车的敞篷版，现在是对旅行车的称呼。

城镇轿车（Town Car）： 古典的车身风格，前部开放，后部封闭。

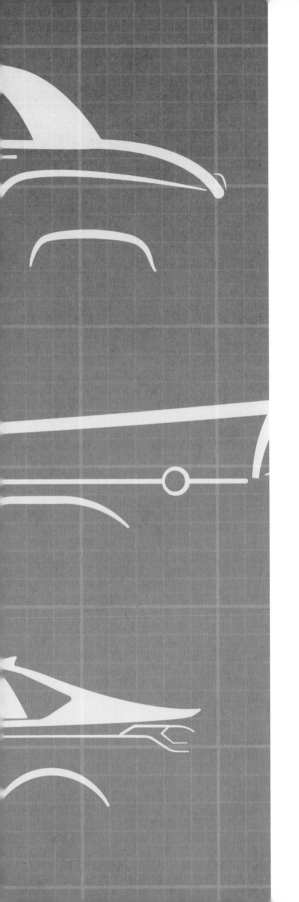

第2章
形变的世纪

综述　主题、风格与潮流

形变的世纪

　　建筑设计有着纷繁多样的思想运动以及流行风潮，汽车设计同样也随着地域偏好和消费者的品位差异而变化。正如新材料和新技术是建筑风格演变的幕后推手一样，汽车的造型和特征也随着二者的推陈出新而不断演变。光亮的、全包覆式塑料保险杠就是一个很好的例子：在 20 世纪 70—80 年代，塑料保险杠取代了传统的镀铬金属保险杠，这种变化改变了汽车的外观以及带给人的感受。

　　多年来，在技术推动下，汽车设计发生了许多重大转变。20 世纪 30 年代，宽幅轧钢机的出现使规模更大的冲压工艺成为可能，这种技术使车身上许多原本不连贯的独立元素得以组合，如挡泥板、发动机舱盖和车灯，并催生了在 20 世纪 50 年代占据主导地位的光滑流畅的"浮桶"（Pontoon）式造型；而在 20 世纪末，新型合金钢以及更加巧妙的冲压工艺使设计师能在车身上塑造出更加清晰的折痕或更加复杂的形状。

　　技术的进步帮助汽车的轮廓从经典的三厢形态拓展至光滑的两厢以及单厢形态。同时，在高度、宽度以及玻璃与金属的比例方面也发生了巨大变化。不仅如此，车辆的机械布局也在不断演变，这导致驾驶舱与翼子板、车轮与行李舱之间的位置关系发生了巨大变化。克莱斯勒 20 世纪 90 年代的"驾驶舱前移"（Cab forward）架构以及 2004 年宝马 1 系（1 Series）夸张的后置偏向驾驶舱便是这种变化的鲜明印证。

　　多年来，深谙前瞻之道的设计师们一直在借助工程发展的力量来迅速推出新的风格和连接车身形面的新方法。想想乔治亚罗（Giorgio Giugiaro）于 1974 年设计的大众高尔夫（Golf），它带来了一种简洁而富有棱角的表面语言，这种设计方式在业界受到了广泛推崇。高尔夫的发动机舱盖特征线也是极具创新性的，这条线从风窗玻璃向前倾斜，并最终形成了一个楔形轮廓，这种处理方式几乎成为汽车设计界的共识。

　　通常情况下，设计的形面语言——即一个形面过渡到另一个形面的方式——是一种设计风格或潮流的最大特征。平滑、大半径的形面过渡是 20 世纪 80 年代空气动力学造型（Aerodynamic）时代的典型特征，而更加尖锐紧密的形面处理方式给业界带来的巨大冲击则催生了后续时代的造型风潮。在 21 世纪初，我们见证了设计师们是如何在车身面板上塑造出大量折痕以及丰富的形面变化，尤其是在车身侧面。而最新的设计趋势则是通过在关键区域（如发动机舱盖到翼子板的过渡面和风窗玻璃底座）的复杂表面轮廓设计，对比体现整体的简洁性，奥迪 Q8 便是当下风潮的一个典型例子。

　　除上述变化外，与汽车相关的涂料、色彩和照明等领域也在不断演进，设计师可以借助它们来改变汽车的视觉特征。例如，光纤和 LED 灯条的出现提供了实时改变光源图形的可能，与此同时，在车身面板上显示图像、质感以及色彩的技术也在快速发展之中。可以预见，未来甚至连车身表面也可以实时变化[①]。汽车设计师正面对着范围广阔的可设计对象，而之前他们可以控制的元素少之又少，这让汽车设计的未来从未像当下这样令人兴奋。

---

① 译者注：宝马 2022 年推出的 iX Flow 概念车通过在车身表面使用电子墨水技术实现了车身表面图纹的实时变化。

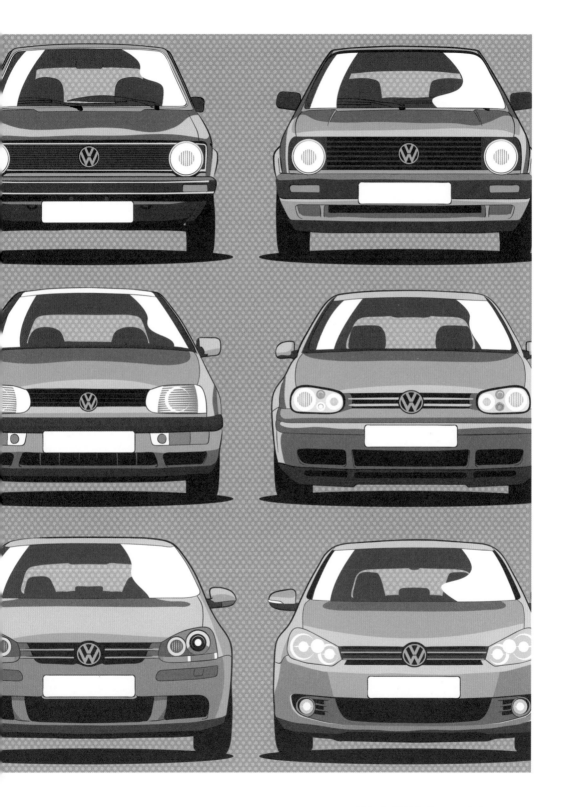

形变的世纪
流线形：展望未来

拖曳线条

风阻系数（Cd）是衡量汽车形状流畅性的一个指标。此数值越低越好，今天空气动力学性能最佳的车型能将此数值限制在0.21-0.30之间。通过将Cd值乘以车辆的正面投影面积，可以计算出车辆所受的实际风阻数值。

内卷

1978年，宾尼法利纳（Pininfarina）的CNR"香蕉"概念车震惊业界，其车身造型在整车中部急剧压缩。在测试中，CNR的Cd值仅为0.161，大幅优于那个时代典型汽车的0.40以上；许多人担心计算机介入汽车设计会使所有汽车看起来千篇一律。

越流畅，越高效

迄今为止，最符合空气动力学要求的量产车型是大众公司小巧的XL1 Coupe车型。在狭窄车身和长尾式设计的帮助下，它的Cd值仅为0.186，接近理论上的极限数值。由于电动汽车只需要较少的空气进行冷却，从而可以大幅减少撞风面积，可以预见，它们将在未来大放异彩。

自汽车诞生之初，流线形就一直吸引着汽车设计师们。对流线形的痴迷在20世纪20年代开始由梦想走进现实，巨大的"齐柏林"飞艇以及为冲击速度纪录而打造的全封闭式汽车与摩托车，成为设计师们的缪斯，催生了流线形汽车。

当那个时代的制造商们正满足于生产彼时大行其道的、方方正正的汽车时，富有想象力的设计师，如太脱拉公司（Tatra）的保罗·贾雷（Paul Jaray）和汉斯·莱德文卡（Hans Ledwinka），创造性地提出了光滑顺畅的流线形汽车概念，并影响了德国工程师费迪南德·保时捷（Ferdinand Porsche），间接催生了著名的大众甲壳虫（Beetle）汽车。

在大洋彼岸，克莱斯勒（Chrysler）则通过1934年推出的湾流车型（Airflow）迈出了勇敢的一步，这是一款优雅的装饰艺术风格的流线形汽车，几乎所有人都对这款车不吝褒扬——除了用脚投票的消费者，他们认为这款车设计得太过未来主义而不愿买单。但是，随着汽车制造业在20世纪40年代末全面进入战后阶段，崭新的、有光滑曲面的、集成度更高的造型取代了战前汽车杂乱无章的厢式造型。

1949年，由瑞典飞机制造商萨博（Saab）推出的92型汽车标志着流线形设计的高潮，但纯粹就影响力而言，没有什么能媲美1955年雪铁龙DS发布之时所带来的震撼。这款圆润、流畅、低平、充满未来主义气息的汽车是如此令人叹服，以至于在一瞬间，同时代的其他所有汽车都相形见绌，在接下来的1/4个世纪里，这家法国公司在空气动力学上的造诣一直处于业内领先地位。

1961年，捷豹E-Type通过将勒芒赛车的丰满空气动力学外形转化为公路跑车取得了巨大成功。但在20世纪60年代末，流线形设计进程中的关键里程碑则非NSU推出的富有革命性的Ro80车型莫属。在优雅又不凸显风格冒进的汽车设计中，最引人注目的莫过于奥迪100车型——它是第一款将风阻系数（Cd）降至0.30以下的车型，引领了20世纪80年代的流线形设计方向。自20世纪90年代以来，对排放和油耗的严格关注使得每一个新的设计都更符合空气动力学要求。但随着计算机辅助工程的进步，设计师们能通过改善更微小的细节而不是整体形状来优化车辆的空气动力学性能，熠熠生辉的流线形时代就这样令人遗憾地落幕了。

形变的世纪
形式对抗功能

这是一个自人类造物伊始就存在的难题：形式和功能哪个更重要？伴随 19 世纪制造业的兴起，进一步放大了这种两难抉择。

对早期的汽车制造者而言，何者为重是显而易见的：汽车的首要目标是实现功能，而外观则是次要的。彼时只有极少数富人能负担得起专业车身制造商们"放肆"创作所带来的繁复造型风格。这些风格中最著名的莫过于装饰艺术风格（Art Deco）。但在德国，一场与众不同的设计运动几乎在同时进行，包豪斯（Bauhaus）所倡导的精神倾向于纯粹和简约，倡导形式源自功能，而不是额外的装点或修饰。早期的雪铁龙 2CV 车型便充分印证了上述观点，今天的诸多汽车品牌中，奥迪也许是最尊重包豪斯所倡导的设计原则的制造商。

这种观点在战前时期很难得到印证，尽管布加迪（Bugatti）、雪铁龙（Citroen）和蓝旗亚（Lancia）等以工程师为主导的制造商通过技术演进，而非刻意的造型设计实现了其产品总体视觉的一体性。但对跑车而言，通常还是需要通过形式来展示功能：低平的车身和流线形的设计，狭长的百叶窗式发动机舱盖和流畅的锥形尾翼，它们浑身上下无不用形式语言设计在宣示着速度与力量。

到了战后时期，美国的汽车设计师们对具有火箭尾鳍状部件和喷气飞机造型的装饰物如痴如醉，这使当时的美国汽车设计中，形式完全压倒了功能。而大洋彼岸的欧洲跑车们，如奔驰 300SL、保时捷 356 和捷豹 XK 等车型，却与此背道而驰。BMC 公司的杰出工程师亚历克·伊希戈尼斯（Alec Issigonis）拒绝让造型设计师接触他 1959 年规划的作品——MINI 汽车，这催生了一款朴素而高效的车型，MINI 汽车后来成为流行符号：一个最伟大的"形式服从功能"设计原则体现在汽车上的案例，即使这很可能是偶发的。

再来看看离我们更近的例子，克莱斯勒（Chrysler）1984 年推出的方正的 Voyager 小型厢式货车，以及奥迪于 1998 推出的紧凑却鼓舞人心的 TT sports coupé 车型，二者都清晰地定义了汽车的功能性，是对包豪斯风格的清晰描绘，尽管姗姗来迟，但这无疑是迄今为止对包豪斯精神最有力的召唤。

形变的世纪
对速度的渴求

跑车时代

20世纪50—60年代是双座跑车的全盛时期，美国买家对它们爱不释手。佼佼者包括 MGA 和 MGB、凯旋（Triumph）TR 系列、雪佛兰科尔维特（Corvette）和奥斯汀 Healey 3000 等。阿尔法·罗密欧则以 Duetto Spider 车型独领风骚，达斯汀·霍夫曼主演的电影《毕业生》更使之名声大噪。

刺激的赛道日

日益严苛的道路驾驶法规促使追求刺激的赛车爱好者走上了赛道，也催生了赛道日专用车这一车型，典型案例包括卡特汉姆 Seven（Caterham Seven）、Ariel Atom 以及 KTM X-Bow 等，它们在设计上无不与摩托车暗通款曲：机械部件一律赤裸裸地暴露在外。

轻巧灵活

路特斯汽车创始人科林·查普曼的格言"简化结构而不要增加重量"催生了一系列突破性跑车。其中最伟大的莫过于 Elan（1962—1973年生产）和中置发动机的 Elise（1996—2021年生产）两款车型。

自从一个多世纪前人们首次驾驶汽车上路驰骋，总有人想比别人跑得更快些。一些人通过更勇敢或更娴熟的驾驶技巧来实现这一目标，而另一些人则通过改装他们的汽车来获得卓越的性能。这些改装车演变成了赛车和跑车，虽然在诞生之初所有汽车并没有什么实质上的不同。

作为汽车世界最引人注目的成员，跑车通过设计宣扬速度与力量。早期的车型设计倾向于较低的车身，狭长的百叶窗式发动机舱盖等元素能让人联想到一台强大而有力的发动机，硕大的钢丝轮辋以及制动装置清晰展现——这是一种肆无忌惮的技术炫耀，机械元素在汽车上毫无掩饰地充分展示出来。

相较以往，空气动力学在当今的汽车设计中发挥了巨大作用，设计师在选择如何展现动力感时必须更加巧妙，不过"暴露的排气管必不可少"这条设计准则在当下仍然适用。梅赛德斯-奔驰的1955款300SL 车型就是这条设计准则的完美呈现：车身低平、光润且流畅，强悍的动力通过大量的进气口和排气口来呈现，轮眉和镀铬侧翼的巧妙点缀使速度感呼之欲出，宽大、扎实的整车姿态则体现出坚实可靠的稳定性。

然而，并不是所有跑车都是纯粹的力量型选手，轻量化是另一种优良传统，今天的马自达 MX-5 车型便是个中翘楚。此类车型的诞生应当归功于科林·查普曼（Colin Chapman）对1957款路特斯（Lotus）Elite 车型精益求精的思考。Elite 是一款极度轻量化的双门跑车，发动机虽然小巧，但速度和敏捷性都令人印象深刻。在此之前，查普曼已经设计了 Seven 车型，它是一款有着独立车身和挡泥板的汽车，设计思路极其简洁，这催生了极简主义跑车，在今天的 Ariel Atom 和 KTM X-Bow 两款车型上，我们都能清晰看到这种设计思路的展现。

在20世纪70年代，许多人对美国的安全法规忧心忡忡，认为严苛的法规会扼杀运动型汽车的设计。然而在欧洲，新的风潮却应运而生——高性能掀背车（Hot Hatch）[1]。最初，这些车是像大众高尔夫那样随处可见的家庭掀背车的高性能版，但一种新的汽车设计形态逐渐显现：更宽的车轮、更低的悬架、大量的排气口和空气动力学配件被刻意凸显。到世纪之交时，高性能掀背车已经成为运动型汽车中的主流。

---

[1] 译者注：Hot Hatch，通常指紧凑型两厢掀背车的高性能版，中国大陆俗称"小钢炮"。

形变的世纪
小即是美

失败的智能都市汽车

标致 1007 车型尽管有一个宽敞的四座驾驶舱和 3.7 米的车身长度，以及出色的多功能性，但高大外形和笨重的侧滑门削弱了它的吸引力。从 2005 年首次亮相算起，销售只持续了四年时间便偃旗息鼓。

最小的汽车

吉尼斯世界纪录将 1962 年的 Peel P50 车型认证为世界上最小的汽车。这辆单座三轮车的长度只有 1.3 米，使用 50 毫升排量的发动机且没有倒档；因为驾驶者可以轻易举起仅有 56 千克重的 P50，直接原地掉头。

1+2=T25

赛车设计师戈登·默里（Gordon Murray）提出了一个既便宜又轻巧的小型汽车方案。在 T25 车型中，1 名驾驶者坐在中心位置，2 名乘客坐在后部。动力源可以是汽油机或电机，但还没有汽车制造商接受这个方案。

汽车设计师一直为创造小型汽车而备感自豪。工程师们乐于完成将乘客、行李和所有必要机械部件完美塞进一个小车身中的任务，而对造型设计师来说，他们面临的挑战是如何设计一个看起来有吸引力、可信又不像玩具的紧凑造型。

赫伯特·奥斯汀爵士在 1922 年的新奥斯汀 7（Austin 7）车型上下了很大的赌注，这是一款小型四座车，是一款真正意义上的微型车：它的成功将人们从体验糟糕的三轮汽车中彻底解脱出来。同样强调工程独创性驱动的 BMC 汽车，在 1959 年亚历克·伊希戈尼斯爵士设计 MINI 车型时则完全颠覆了既有的设计准则，出人意料地将整个动力传动总成安置在底盘前部，在 3 米长的车身内为 4 个人腾出了宽敞空间。这是一个从未被超越的总布置解决方案，彻底改变了汽车行业的认知。

然而，我们无法将 MINI 汽车时代的紧凑型车与更现代的同类车进行直接比较，很简单，因为适用的安全标准与法规完全不同。在 MINI 汽车诞生的时代，汽车设计几乎不受任何法规的约束。到了今天，设计要保障所有汽车都能在高速撞向障碍物时严格保护乘员安全：设计师必须保证车身前后留有足够的溃缩空间，这进一步增加了设计保持紧凑体量的小型车的挑战性。

这就要求设计师在最大限度提高空间利用率方面具有更大的创造性。2001 年的 Smart 只有 2.5 米长，能坐两个人，四座版 Smart 则值得称赞地将车身放大到 3.5 米长，但以今天的标准来看它仍然很小。三菱的 i 车型则是将发动机安置在一个狭窄的 3.4 米的四座车身后部。大众 Up 和标致 108 的长度都达到了 3.5 米。在宝马旗下重生的长达 3.6 米的 MINI 车型相对来说是"巨大"的，但它的内部空间只比 1959 年的原版 MINI 大一点，而其最新车型的尺寸则超过 3.8 米长，这毫无疑问地颠覆了伊希戈尼斯对于空间利用率的理解。

当代微型汽车设计的典范来自丰田汽车。2008 年的 iQ 车型巧妙地重新设计了总布置方式，在与第一代 MINI 车型相同的 3 米长的车身空间内，为 3 个成年人、1 个孩子，以及空调、燃油箱等部件提供了足够空间，又完全满足当代汽车的安全性要求。

形变的世纪
硬派宣言

诞生在海滩上的路虎

最早的路虎汽车设计稿并不是在绘图板上画出来的，而是出现在威尔士的某处海滩上，时任罗孚汽车技术总监莫里斯·维尔克斯（Maurice Wilks）在他的农场里使用 Jeep 汽车开展日常劳作，并从中找寻到开辟新市场的灵感与机会，最终造就了 1948 年的路虎汽车。

非承载式车身

四驱车型的传统结构是在一个坚固、独立的梯形底盘上搭载车身。但这种形式通常比较笨重且粗糙，不够精巧。近年来，为了提高效率，许多设计都转向了标准化的承载式车身结构。

从轻型四驱到跨界车

20 世纪 80 年代铃木 SJ 和大发 Rocky 等轻型四驱车的成功，促使丰田汽车在 1994 年推出了 RAV4，作为操控性能优越的四驱车，RAV4 被誉为第一款 GTI 越野车，它的出现开启了硬派越野车向跨界车转变的进程。

一切始于 1941 年美国军队装备的 Jeep。罗孚汽车（Rover）的工程师们受到 Jeep 的启发，仿效其设计，在 1948 年推出了路虎（Land Rover）。至此，普通民众终于有机会接触这种原本的军用车型。紧随其后，亚洲的丰田汽车也于 1951 年推出了陆地巡洋舰（Land Cruiser，国内现称兰德酷路泽）。严格意义上说，这三款车都具有相同的实用主义设计特征：简洁高挑的车身、平面化的金属与玻璃造型、用以容纳宽厚轮胎的硕大独立挡泥板、充足的底盘离地间隙和简陋的内饰，当然还有必不可少的四轮驱动。

上述越野车型的设计标准在随后二十多年里几乎没有变化。然而出乎所有人意料的是，1962 年诞生的一款无人在意的新车型，却在 20 世纪末促成了一场汽车产业的巨大变革。Jeep 瓦格尼（Wagoneer），本质上是一款全轮驱动的高底盘旅行车，它的开创性设计，为以往粗犷的四驱越野车注入了一丝文明气息。受到瓦格尼的影响，英国的罗孚汽车产生了新的灵感——设计一款供农户和农场主们在日间劳作后开着去享用晚餐的汽车，1970 年，路虎揽胜（Range Rover）诞生了，由大卫·巴奇（David Bache）操刀的经典又不失优雅的设计，立即风靡全球，并最终促成了 SUV 这一全新汽车品类。

多年来，SUV 的设计路线已经两极分化。以美国为中心的设计风格倾向于如货车一般硕大、方正且威猛，通常带有夸张的格栅、挡泥板、轮胎等部件。在北美以外的地区，则有另一种更加温和的设计思路，有丰富的曲线和较少的侵略性造型特征应用在车身上。两种不同的设计路线在处理 SUV 内饰基调上却非常统一：奢华，这反映了 SUV 作为豪华车的市场定位。

近年来的另一个重要事件是跨界车的兴起，这一名称是随着汽车制造商开始将 SUV 的设计思路（如提高底盘离地间隙）应用于更轻量化、更精致的乘用车平台产生的。而且四轮驱动并不是必不可少的配置，对买家来说，最重要的是看上去坚韧的、开出去随处可达的外观造型，以及更高的驾驶视野、多功能的载人载物空间。如此一来，日产汽车的逍客（Qashqai）等跨界车，成为市场上的一支重要力量，他们不仅吸收了 SUV 的设计特征，还集合了标准家用掀背车的优点。

形变的世纪
移动空间

第一款厢式客车

公认的第一款厢式客车是雪佛兰在 1935 年推出的 Suburban 车型，这是一款建立在半吨级货车底盘上的 8 人座旅行车。到 2015 年的第 11 代车型，Suburban 已经成长为一个 5.7 米长的 SUV 巨人，拥有 9 个豪华座位。

最小的七座车

一个主要的候选对象可能是 1999 年的大发 Atrai 车型，丰田的同型换标车称为 Sparky。这两款双胞胎蝇量级日本厢货，成功地将 7 个人塞进了仅有 3.7 米长的空间内，小小的发动机就安置在地板下方。

丑小鸭

实用性和风格并不总是相辅相成的。尽管有些人喜欢菲亚特 Multipla 那种古怪的鸭子似的造型，但球状高顶的丰田雅力士 Verso 和怪异的双龙双层 Rodius 的追随者则聊聊无几。即使是超级成功的斯柯达也因其 Roomster 迷你旅行车而面临着两极分化的意见。

对希望运送 4 名以上乘客或大件货物的驾驶者来说，车型的选择曾经严重受限，无论小巴（Minibus）还是厢式货车（Van），都有着类似卡车的外观造型和令人沮丧的动力性能。20 世纪 50—60 年代，在法国和美国出现的三排座位的旅行车显然很受欢迎，但直到 1983 年克莱斯勒 Voyager 车型的出现，才真正成功地将舒适性和足以容纳 7 人的空间和谐统一。

这款厢式货车的巨大影响力，也许不是体现在惊天动地的造型风格上，而是体现在激发出了汽车设计的新形式上。未来派的雷诺 Espace，以其光润的外形和 7 个可拆卸的座椅，在 1984 年引领了这一潮流，使多座家庭旅行车变得高速而令人兴奋。不久之后，大多数主流厢式货车都派生出载人版，尽管 Espace 继续引领风潮，并以其流畅的一体式轮廓和卓越的驾驶感受奠定了这类车型的设计范式。然而，来到 21 世纪初，外观强硬的 SUV 和运动跨界车的兴起给小型厢式货车带来了沉重打击。消费者们对厢式货车所呈现的略显温柔的"家庭主妇"形象心生厌倦，转身投入了沃尔沃 XC90 和宝马 X5 等更具时代精神的车型的怀抱中，这些产品结合了 SUV 和客货两用车的优点，可搭载 7 名乘客。值得注意的是，雷诺在 2015 年推出了第五代 Espace，新一代车型摇身一变向跨界车靠拢，更具魅力，风窗玻璃更窄，车身风格则更富于表现力。

运送超过 5 名乘客的需求激发了许多新式座位布置方式，伦敦出租车以面对面布局容纳 5 名乘客的方式开启了这股风潮。菲亚特后置发动机的第一代 Multipla 车型在 3.5 米的长度内能承载 6 人，驾驶者和前排乘客位于前轴上方。1998 款 Multipla 则采用了"3+3"的座位安排方式，并且在所有座位都被占用的情况下仍能提供足够的行李空间。日本的本田汽车效仿了这种设计，于 2014 年推出了 FR-V 车型。

古怪的外观造型是设计师们孜孜不倦地求索更优的车内空间设计所造就的副产品。日本有着悠久的设计生产小型厢货的传统，如日产 Cube 和本田 Element 车型，业以成为汽车设计原教旨主义者们顶礼膜拜的对象。

形变的世纪
复古设计

恐怖的复古故事

在汽车制造商们出于获取利润的目的而推动的千禧年后的怀旧热潮中,出现了许多构思不当的车型。其中最为尴尬的当属克莱斯勒 PT Cruiser 车型,以及来自其竞争对手雪佛兰的 HHR 车型和普利茅斯(Plymouth)的 Hot Rod 风格的 Prowler 跑车。

正品还是复古

英国最与众不同的汽车制造商摩根(Morgen)是否也会被指责为从事玩世不恭的复古设计?尽管摩根汽车的基础工程技术早已与时俱进,但手工制作依然是他们营造出的重要复古吸引力。他们在 2011 年推出的古怪的 Three wheeler 车型毫无顾忌地复刻了自己 20 世纪 30 年代的经典产品,以致于因此陷入尴尬境地。

大众微型厢式客车(Microbus):亟待重启

大众汽车已经展示了至少 4 款回顾 20 世纪 50 年代微型厢式客车的设计:2001 年的 Microbus 概念车,2011 年的 BlIi 车型,以及 2016 年的 Budd-e 和 ID Buzz 纯电动车型,这些都唤起了人们对嬉皮士公路之旅和露营探险的美好回忆。

不断看着后视镜前行并不是取得进步的好方法,许多人认为这一观点也适用于汽车的复古设计理念。然而,产品规划者仍义无反顾地优先考虑复古主题的新车型,原因很简单,它们卖得好,特殊地位使它们成为强大的利润来源。

只要看看重生的 MINI、菲亚特 500 和福特野马(Mustang)等车型的巨大成功就能知道,兴奋的顾客们争相排队购买,体验车型所具有的富于时代感的"生活方式",为使他们的汽车个性化而付出高昂的费用。怀旧的维度为本来平庸的产品增添了真实性。可以确定的是,汽车制造商的财务总监们喜欢这些高利润的伪高端产品,但汽车设计师们却陷入了迷惘。对许多人来说,复古设计是一种不健康的趋势,他们认为复古意味着想象力的匮乏,就像歌星反复重唱他们的成名曲。但另一些人则反驳说,复古充分体现出对设计传统的尊重,是对一个品牌的遗产和历史的尊重。

复古设计的第一次,同时也许是最著名的一次浪潮,是在 20 世纪 80 年代末的日本经济繁荣期出现的,那时的消费者通常是出手阔绰的。在酒井直木的领导下,日产汽车设计生产了 4 款引人注目、富于真情实感的复古主题小型汽车:Bel 和 Pao 是日本本土专供的,而精致的 Figaro 小型敞篷车和圆形主题的 S-Cargo 厢式货车则进入了西方市场。

也许是受到日产汽车的启发,未来的福特设计领导者 J. 梅斯(J Mays)当时还供职于大众汽车,他在 1994 年设计发布了以经典甲壳虫车型为灵感的概念车 Concept 1。这种对第一代甲壳虫的风格化追溯引发了一股怀旧热潮,也说服了大众汽车在 1997 年以"新甲壳虫"之名将其投入量产。这款车取得了意想不到的成功,因此在转投福特汽车后,梅斯于 2001 年推出了低底盘的 Forty-Nine,次年又推出了雷鸟(Thunderbird Coupe),大步迈入了汽车设计的复古模式,并创造了"复古未来主义"一词。

然而,复古的热潮是短暂的。福特汽车销量堪忧,通用汽车的情况也不尽如人意,只有克莱斯勒充满"帮派气息"的 300 型轿车得以幸存。这也许印证了一点,如果复古设计作为设计法则能为汽车增添最重要的情感色彩,那么应用在小型汽车的设计上也许效果更好。

宾尼法利纳

宾尼法利纳（Pininfarina）之于汽车设计，就像莫扎特之于音乐，是优雅和精致的多面手。当需要突破设计的界限时，它可以是坚定的创新者。它也可以是汽车设计界坚定的平民主义者，通过品牌量产以可接受的价格让人们广泛接触高水准的设计。宾尼法利纳即汽车设计，这家公司的历史在多个维度上等同于现代汽车设计产业的历史。

宾尼法利纳饱受赞誉的设计是为法拉利（Ferrari）完成的一众经典车型，专注于为富人和名人提供服务，同时为其他豪华汽车制造商制定方案。但其影响汽车产业最深的地方却是大众化市场，它在 20 世纪 50 年代为阿尔法·罗密欧、标致和奥斯汀等大规模量产汽车制造商所做的新颖、简洁而优雅的设计，提高了汽车设计的风格标准。宾尼法利纳设计了在整个 20 世纪 60 年代，甚至直到 20 世纪 90 年代末都非常成功的 306 和 406 车型，法国标致汽车依靠宾尼法利纳的设计实现了卓越的市场表现，而阿尔法·罗密欧则将依靠宾尼法利纳设计赢得市场的趋势保持到了 21 世纪。

在很早以前，宾尼法利纳就不断推出突破性的概念车和迷人的法拉利跑车，将新的理念注入流行趋势中。1947 年的双座 Cisitalia 202 以低平的身材和流畅的轮廓震惊了汽车界；1965 年的中置发动机法拉利 Dino Berlinetta Speciale 概念车为异域风情的跑车带来了全新的美感体验，其中包括 Dino 246 和所有后来的 308/328 系列车型；1979 年的超前空气动力学研究成果 CNR "香蕉车"使整个汽车产业走上了降低风阻和节约燃料的道路。

为什么在众多同样拥有抱负的汽车设计工作室不断失败时，宾尼法利纳却能大获全胜？是创造性的设计天赋与敏锐的商业头脑的结合，使其能与时俱进，尤其在关键时刻能精准预测行业趋势以获得商业成功。宾尼法利纳的领军人物巴蒂斯塔·法利纳（Battista Farina），被人们昵称为"宾尼"（Pinin），在 20 世纪 20 年代将公司从一个为富人提供特别定制设计的车身制造商转变为从事小批量量产车型生产的规模化制造商。在第二次世界大战后的混乱时期，巴蒂斯塔意识到奢侈的豪华汽车市场已经消失，因此他主导公司转向设计生产基于菲亚特和阿尔法·罗密欧底盘的小型汽车，迷人的 Giulietta Spider 车型是其最值得骄傲的作品。然而几十年后，随着标致、蓝旗亚、三菱、福特和菲亚特等制造商将汽车设计生产工作统统收回内部完成，失去大量业务的宾尼法利纳的运作成本剧增，变得不堪重负，这促使他们再次进行了重大转型，成为一家跨行业和学科的设计与工程咨询公司，但这并不影响他们继续推出引领潮流的概念车作品和为法拉利设计全新车型。

金融危机再次缩减了汽车制造商们设计外包的规模，与博通（Berton）和扎加托（Zagato）等著名汽车设计公司一样，宾尼法利纳也几近破产。他们在 2015 年年底被印度的马恒达集团（Mahindra Group）收购，仍保留了位于意大利都灵附近的运营总部。

词汇表　主题、风格和潮流

空气动力学（Aerodynamic）： 强调空气平稳流动特点的设计风格。空气动力学的准则包括稳定性和下压力，以及风阻的最小化。

装饰艺术风格（Art Deco）： 影响汽车行业的艺术和建筑设计运动，特别是 20 世纪 20—30 年代的工艺级汽车制造商。

包豪斯（Bauhaus）： 总部设在德国的设计学校，在 20 世纪 20 年代为工业设计和建筑设计带来了"形式服从功能"的价值观。

厢体（Boxes）： 构成汽车基本形状的视觉元素、体积或质量。带有凸出的行李舱的轿车是三厢设计，掀背式轿车是两厢，而大多数小型货车则是单厢，通常称为单体式。

Cd： 风阻系数，或者说汽车的形状如何使其在空气中更容易行进。Cd 数值越低越好，任何低于 0.22 的数值都是非常好的。

CdA： Cd 数值乘以汽车的正面投影面积，表明汽车所受的风阻值。

CFD： 计算流体动力学，或使用计算机技术绘制汽车上方和下方的气流图，以开发最佳的空气动力学形状。

跨界车（Crossover）： 一种基于轿车平台的车型，但具有如 SUV 般的高姿态和高驾驶位置。在 2010 年后是汽车产业一个主要的市场增长点。

折纸设计（Folded Paper）： 乔治亚罗在 20 世纪 60 年代末开创的一种设计风格的非正式名称，结合了简洁的线条、平坦的表面和面板之间的锐角。

面积（Footprint）： 汽车所占的道路空间面积，即车身的长度乘以宽度。

机身（Fuselage）： 对飞机来说，指主要的机体部分。在有独立挡泥板的老式汽车中，主要指包围发动机和驾驶舱的车身；现在有时也用来描述整个车身，特别是具有低矮和弯曲横截面的车身。

小钢炮（Hot Hatch）： 起源于 20 世纪 70 年代的术语，用来描述标准家庭掀背车的运动版，通常以更宽的车轮、更低的悬架、更大或更多的排气管，以及使用黑色的面板和装饰物为特征。

卡姆尾（Kamm Tail）： 空气动力学特征，车身尾部被垂直切断以控制气流，给予汽车如长尾设计般的气动效率。

非承载式结构（Ladder Frame）： 传统的汽车结构，刚性底盘承载发动机、变速器、悬架和车轮，不承重的车身安装在底盘上。现在只用于商用车，以及一些皮卡和 SUV。

微型厢式客车（Microbus）： 大众汽车公司的标志性产品，是一种基于乘用车平台的紧凑的、类似公共汽车的车型，可容纳两排或多排乘客座。

微型厢式货车（Microvan）： 小型城市货车，通常是前驱的，发动机安置在地板下。起源于日本，如今在许多国家都很流行。

小型厢式货车（Minivan）: 美国术语，指针对家庭和休闲活动的多座汽车，一般有多排座椅，可以折叠或拆卸。

MPV: 全称 Multi-purpose Vehicle，多用途车，类似于 Minivan。

现代主义（Modernism）: 20世纪建筑界的一场运动，试图简化形式并应用工业原则来提供快速、有效和有吸引力的结构。在汽车领域，现代主义在大众、丰田等优质量产品牌中得到了最好的体现。

总布置（Packaging）: 将人、行李和机械元件装入特定的汽车布置的艺术和技能。绝佳案例当属丰田 iQ 车型和1959年的 MINI 车型。

浮筒式设计（Pontoon）: 20世纪中叶的一种车身风格，前挡泥板向后延伸，与后挡泥板合并，形成一个平滑的侧面，同时取消了跑板（running boards）。

产品设计（Product Design）: 一种设计观念，将功能置于形式之上。在汽车设计中强调保持优雅的简单性，避免设计上的陈词滥调，倾向于圆形的、柔和的图形语言。

复古（Retro）: 指以历史车型为线索或灵感的哲学，通常旨在唤起人们对古老设计的美好记忆和共情。

复古未来主义（Retrofuturism）: 一个旨在对复古设计进行积极的、技术性的阐释的术语。由设计师 J. 梅斯创造，在大众汽车公司和福特公司工作时他是复古设计的主要倡导者。

流线形（Streamlining）: 设计理念，旨在最大限度地减小风阻，呈现出平滑、流畅的外观，与前文的空气动力学形成对比。

SUV: 全称 Sport Utility Vehicle，运动型多功能车，一个泛用的描述，包括专门的越野车和主要用于公路的高底盘车型。

承载式结构（Unitary Construction）: 一种汽车结构，车身与地板焊接在一起，形成一个坚固安全的厢体结构。与非承载结构相比要轻得多，也更坚固。

楔形（Wedge）: 一种动态的设计风格，随着对空气动力学认识的提高，于1970年代开始流行。概念起源于马塞洛·甘迪尼（Marcello Gandini）在1968年为博通设计的 Carabo 概念车，经由英国利兰公司的公主（Princess）和凯旋 TR7 等车型推广开来。

4756

960

R 15

3640

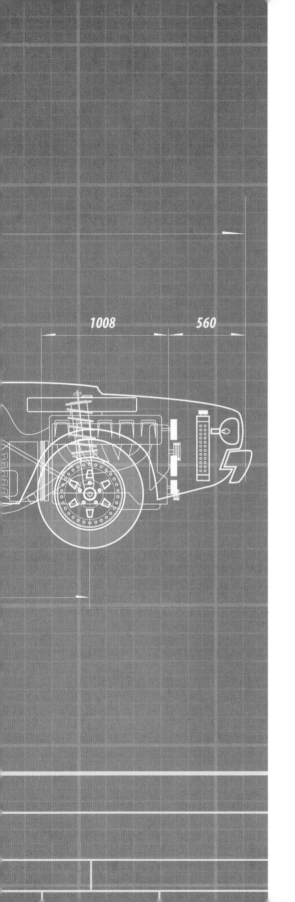

第3章
创新

有些行业的发展是平稳的、渐进的，甚至难以观测的，与之形成强烈对比的是，诸如计算机或信息电子产品领域，每次进步几乎都是剧烈迭代，过往一切都会在转瞬间改变。

对汽车行业而言，则集合了两种发展方式的大成。在风格和设计上产生了"量子跃迁"、令人能感受到未来夺面而来的车型，也许一只手就能数的过来，它们都是真正意义上的经典汽车，往往在首次亮相时就惊为天人，它们的亮相也是引发人们对汽车认知发生巨大变化的转折时刻。在这些车型中，雪铁龙 DS 无疑是最为亮眼的。在 1955 年枯燥单调的直线形设计潮流中，DS 的出现不亚于晴天霹雳，展现了一副全力冲向未来世界的姿态，它以激进的流线形、先进的工程设计，以及整体大胆却不失和谐的造型风格推动了汽车设计的全面发展。很明显，汽车设计的一切都不同于以往了。

仅仅四年后，BMC 推出的 MINI 车型将以革命性的超小型横置发动机布局技惊四座，但平淡无奇的造型风格令它最初无法像 DS 或 1961 年诱人的捷豹 E-Type 车型那样抓住公众的眼球。捷豹的灵感来自于赛车 D-Type，它成功地让每一位观众都目瞪口呆并赞叹道："这台车按下了通向未来的按钮。"1967 年的 NSU Ro80 车型也如是，作为未来主义空气动力学时代的代言人，它的转子发动机让受众们大为震惊。就在前一年，费鲁吉欧·兰博基尼（Ferruccio Lamborghini）携手汽车设计师马塞洛·甘迪尼（Marcello Gandini），以中置发动机的 Miura 车型超凡低平的外观设计震撼了跑车界，也让主要竞争对手法拉利倍感压力，这款车催生了"超级跑车"这一全新的汽车级别概念。

在 130 余年的汽车产业发展史中，上述车型可能是最耀眼的里程碑，此外还有数不胜数的标志性车型同样值得铭记。许多汽车的新颖外形设计具有超强影响力，以至于定义了新风格或促成了全新汽车类型的诞生，抑或表现了富含创新要素的设计作品，比如丰田普锐斯（Prius）是全球首款量产的混合动力汽车，日产聆风（Leaf）则是首款纯电动家用汽车。

就风格而言，福特野马在众多车型中名列前茅，1963 年，它的出现促成了"肌肉车"类型的诞生；1965 年的雷诺 16 和 1972 年的雷诺 5 分别是第一款家用车和城市掀背车；1970 年的路虎揽胜（Range Rover）是豪华 SUV 的鼻祖；1984 年的雷诺 Espace 是第一款真正意义上具有风格语言的小型厢式货车，也是单厢车型的开创者；雷诺在 1995 年推出了风景（Scenic）中型厢式货车，再次取得了成功；丰田 1997 年推出的 RAV4 车型也值得一提，它引入了小型四驱车的概念；日产道客（Qashqai，在美国市场名为 Rogue Sport）是第一款大规模量产的家用跨界车；值得一提的还有马自达 MX-5（1985 年），它单枪匹马地复兴了紧凑型敞篷车类别；特斯拉的 Model S 也不得不提，它在 2012 年作为第一款真正可信的零排放豪华车，展现了属于未来的驾驶方式，很可能成为所有车型中最具影响力的转折点。

概念车Ⅰ：放飞想象力

概念车通常被描述为汽车世界的流星，在消失于人们视线中的短暂时间里，燃烧着光芒，照亮了周围的一切。也有人认为它们就像商店的橱窗展示品，或是电影上映前的精彩预告片。无论从哪方面看，概念车都在将崭新且激进的设计带入公众视野，推动量产汽车发展等方面发挥着至关重要的作用。

汽车制造商开发概念车出于诸多不同原因：探寻公众对新车型的反应；在即将推出量产车型之前树立新的设计主题；提高企业的声誉以提振市场表现，以及对未来的政策趋势表达意向性回应，例如宾利（Bently）发布的 EXP 12 概念电动跑车即是对新能源汽车产业政策的呼应。

概念车设计还有另一个完全不同的分支：纯粹的梦想概念车，它融合了目前在技术上尚不可行的疯狂想象力。在设计过程中，汽车设计师们可以完全放开手脚，肆意地发挥他们的创造力和想象力。这些概念车或许永远不会驰骋于道路上，但它们将播下一颗种子，可能在未来几年生根发芽。

设计师们喜欢设计概念车，是因为没有各种规则的束缚：没有安全标准，无需考虑是否实用或合理，甚至不需要为发动机的布置提供空间。他们要做的是激发灵感，为品牌创造一种令人兴奋的未来主义光环。

曾经将梦想付诸于行动的概念车艺术大师包括通用汽车的传奇人物哈利·厄尔（Harley Earl）和比尔·米切尔（Bill Mitchell），他们在 20 世纪 50 年代的通用公司"汽车寻梦旅"（Motorama）巡展上携手为人们带来了一系列令人震惊的、充满太空产业启发的经典概念设计作品。宾尼法利纳（Pininfarina）和博通（Bertone）两家意大利汽车设计公司，在过去几十年一直致力于突破规则限制的概念产品设计，1978 年，乔治亚罗（Giugiaro）发布了富有远见的、高底盘的 Megagamma 概念车，设计风格几乎与当时的所有趋势背道而驰，也直接影响了雷诺 Espace 和菲亚特 Uno 等富有时尚气息的厢式货车。

概念车同样可以用于展示创新的工程理念，就像通用汽车 2000 年的 Autonomy 概念车所呈现的精彩一幕，其滑板般的底盘展现了氢燃料电池动力系统的紧凑布局。

概念车 II：从展台到展厅

科尔维特（Corvette）始于概念

美国最受欢迎的跑车非雪佛兰科尔维特（Chevrolet Corvette）莫属，历经七代改型经久不衰，它其实始于通用汽车公司在 1953 年"汽车寻梦旅"巡展中仓促设计发布的玻璃纤维展车。

现代汽车（Hyundai）预言宝马 X6 的设计

SUV 在 2006 年大行其道，受众却对现代汽车推出的 HCD9 Talus 概念车感到困惑，在它硕大的车轮上，光滑的轿跑式车顶线条匹配着肌肉发达的车身，这款 SUV 的设计充满了矛盾元素。然而两年后，拥有同样车身比例的宝马 X6 就出现在了道路上。时至今日，这种比例在 SUV 家族的设计中已经司空见惯。

失败的凯迪拉克"怪物"

2002 年凯迪拉克迎来百年诞辰，他们次年推出的 Sixteen 概念车成为品牌的壮丽篇章，其车身长度超过 5.7 米，同时搭载了巨大的 V16 发动机，但对于一家当时已经陷入困境的汽车公司来说，这种设计毫无疑问是令人尴尬的奢侈与放纵。

前文曾阐述过，即使是最不可能投入量产的疯狂概念设计，也能在汽车制造商的战略中发挥重要作用。概念车也可以用来操纵公众的舆论导向，目的是为潜在买家对即将推出的全新设计风格打好"预防针"，尤其是在汽车设计策略马上出现重大变革的前提下。

日产 Qazana 原型概念车就是这样一个充满了争议的设计案例，2009 年在日内瓦车展上亮相时，它的设计语言震惊了许多人，但日产公司非常清楚的是，量产的 Juke 车型正蓄势待发，它在设计方面将引起的争议可能只多不少，因此 Qazana 的发布会让公众提前做好接受 Juke 设计的心理准备。在此三十年前也有过类似案例，福特 1981 年推出的具有超高空气动力学性能的 Probe III 概念车，就为次年推出的在当时看来设计过于激进的 Sierra 车型铺平了道路。

一些概念车直接量产并不可行，但基于既有的底盘平台打造的话，或许存在一丝可能性，来自奥迪的两个例子便证明了这一点。1995 年的 TT sports coupé 概念车受到了公众的热烈欢迎，以至于到 1998 年时，它已经被成功转化为一款表现不俗的量产车；而 2000 年发布的 Steppenwolf 概念车却陷入了尴尬境地，它提倡的所谓"四轮山地车"概念根本不被公众接受。直到几年后，宝马 X6 和路虎揽胜极光（Range Rover Evoque）等轿跑式 SUV 在市场上风行起来，而奥迪以 Q 系列 SUV 加入竞争行列时，受众才逐渐明晰了什么是"四轮山地车"。

雷诺风景（Scenic）的故事也很能说明问题。1991 年，雷诺在独特造型的车身上呈现了一种紧凑但温暖迷人的多功能概念车设计方案，匹配了富有想象力的内饰和空间使用解决方案。1996 年这一车型开始量产时，外观略有不同，但保留了实用优点和创新设计。雷诺风景给市场带来了巨大冲击，开创了一个全新的细分市场。第四代风景在 2014 年时通过备受赞誉的 R-Space 概念车进行了发布展示。同样，2015 年保时捷发布的 Mission E 车型也为这家超级跑车制造商即将推出的电动跑车 Taycan 奠定了基础。

创新
超越一切

很多汽车设计师以挑战风格极限为荣，创造出令人不安或引起两极化争议的造型——手段包括使用非常规的比例、形面语言或细节设计等。另一些人则喜欢极端的尺寸、疯狂的速度、浮夸的风格或干脆将三者结合。最典型的当属 1959 年的凯迪拉克 Eldorado Brritz 车型，从华丽的镀铬车头到巨大的尖头尾翼顶点，尺寸接近 19 英尺（5.72 米），这绝对是有史以来最令人难忘的汽车设计之一。

尽管在 20 世纪 50 年代末美国的汽车过剩已经达到高潮，但全尺寸汽车继续在 5.7 米的长度上徘徊了十年甚至更长时间。而到了 20 世纪 80 年代，SUV 的体量不断扩充，达到了与全尺寸车型类似的程度，甚至更高、更重、更有气势。如今，像福特 Expedition 和雪佛兰 Suburban 这样的全尺寸 SUV 在北美地区已经随处可见，他们的设计语言强化了设计定位。

事实上，梅赛德斯在推出对标劳斯莱斯（Rolls-Royce）的迈巴赫（Maybach）品牌时发现：对汽车设计而言，比例比纯粹的尺寸更重要。车身低长的迈巴赫有 5.7 米和 6.2 米两种长度版本，两者看起来都有比例失调的问题，仿佛是对奔驰 S 级的抻拉。宝马则坚持为重生的劳斯莱斯幻影（Phantom）车型打造高大威严的身形，标准轴距和加长轴距版的车身长度分别为 5.8 米和 6.1 米，但看起来都比例适中。不过，上述车型与第二次世界大战前布加迪的皇家（Royale）车型相比都是小巫见大巫，这款车从头到尾足有 6.4 米长。

跑车更容易给人留下深刻印象。低平的车身、超大的宽度、曼妙的比例和惊人的空气动力学部件，都是对力量、技术和速度的诠释。兰博基尼是这方面的一代宗师：自 Miura 车型以来，包括 1971 年的 Countach 车型在内，他们的超级跑车一直令人惊心动魄。如今，兰博基尼极具侵略性设计语言构成的张扬个性，开始以更加微妙的方式呈现，但其锐利的形面语言仍比竞争对手法拉利、迈凯轮和保时捷更具特色。

无边无垠

今天的梅赛德斯迈巴赫 Pullman 车型足有 6.5 米长，毫不留情地超越了此前由 1975 款凯迪拉克 Fleetwood 75 车型保持的纪录，后者同样是一款需要专职司机来驾驶的汽车。

疯狂的悍马

在 2000 年代初期，军用悍马 H1 及其民用版 H2 因壮硕体形和霸气风范而受到上流阶层的欢迎。尽管宽度和高度令人生畏，但这两款车型都比全尺寸美国轿车和 SUV 短一些，后者最长能达到 5.6 米。

空气动力学套件

空气动力学套件的绝佳案例来自 20 世纪 70 年代的美国肌肉车热潮和 20 世纪 80 年代的欧洲热销车大战。领先的竞争者包括拥有疯狂、高耸的行李舱盖尾翼的普利茅斯 Superbird 车型，以及拥有引人注目的双层尾翼的福特 Sierra 和 Escort Cosworth 车型。

创新
好主意，坏时机

我们都在追求创新，但巧妙的新想法一定要合时宜。除非消费者已经对创新做好了足够的准备，迫不及待地想要拥抱它，否则无论创新有多么大胆，都不见得会有成效。

1994 年，大众汽车公司发布了发动机启停系统，这种系统在今天大行其道，在当时却彻头彻尾地失败了，因为那时没有人想要发动机启停系统。2000 年，奥迪推出了 A2 车型——世界上第一款铝质车身框架小型汽车，轻便且低成本，最终却沦为一个失败产品——过于冷淡的造型设计导致了失败的结局，消费者们用脚投票，选择了设计上更有乐趣和魅力的 MINI 汽车。假设 A2 车型诞生在五年之后，或许能有一线生机。

半个世纪前，美国的普雷斯顿·塔克（Preston Tucker）正在为他先进的后置发动机 Torpedo 轿车做最后的润色。Torpedo 是最早考虑碰撞安全理念的汽车之一，遗憾的是这个项目在欺诈和阴谋指控中失败了。Jowett 于 1947 年在英国推出了 Javelin 车型，一款精致的流线形六座汽车，搭载四缸发动机，在汽车拉力赛中大放异彩，但无论工程层面还是商业层面，最终都失败了。

还有一些车型则"出师未捷身先死"，因为他们没有给潜在用户传达出非常明确的信息。比如没有人说清楚奔驰 R 级车（2005—2012 年）是旅行车、小型厢式货车还是 SUV，可怜的销售数据已经充分印证了这点，形成鲜明对比的是沃尔沃 XC90，在几乎完全相同的领域获得了巨大成功。更出名的是 2001 年雷诺的 Avantime，公众对其奇怪的比例、高大的小型厢式货车式结构、巧妙的铰链式车门和四人座舱展开了激烈讨论，它在 2003 年停产前只销售了不到 8000 台，主要卖给了追求时髦的年轻人。同时期与之类似的另一个值得关注的案例是 Vel Satis 车型，它是对德国主导的行政级汽车市场进行的勇敢挑战。但事实证明，对目标客户群体来说，这款车的造型设计过于特立独行，因此其生命周期非常短暂。

道理浅显易懂，创造力是汽车行业的命脉，但创新必须精心准备，才有成功的机会。雷诺前设计总监帕特里克·勒·夸蒙特（Patrick le Quément）曾说，最大的风险是不愿去冒险。每个汽车设计师和汽车爱好者都会欣然赞同这一观点。

Maxi 的机会

奥斯汀 1969 年推出的 Maxi 车型是一款宽敞的掀背式汽车，原本可能像五年后推出的大众高尔夫一样大获成功。但事实证明它可靠性不佳且问题多多，由此导致了不良声誉。

Corvair 的挑战

紧凑型汽车在 20 世纪 50 年代的美国非常罕见，但雪佛兰打破了这一惯例，于 1960 年推出了一款具有后置风冷水平对置六缸发动机的创新车型。如果不是操控性令人崩溃，Corvair 可能会大受欢迎。不幸的是，这款车最终通过拉尔夫·纳德（Ralph Nader）在 1965 年出版的《任何速度下都不安全》（Unsafe at Any Speed）一书可悲地载入了史册。

聪明过头的丰田 iQ

小巧的车身比例和发动机，加上不错的驾乘感受、操控性和安全性。智能的丰田 iQ 只比能坐两个人的 Smart 稍大一点，却能承载 4 个人，它理应成功，但最终离奇地失败了。

创新
丑小鸭、柠檬和失败案例

庞蒂亚克 Aztek

2001 年的庞蒂亚克 Aztek 车型是近代最丑的汽车。它几乎违反了所有的设计规则，车身线条和松弛形面彼此格格不入、精神分裂般的前部设计、幼稚的细节和形体比例，所有这些因素的结合造就了惊世骇俗的丑陋。

MINI 本该更好

2001 年在宝马旗下重生的 MINI 车型广受欢迎，但随着它的不断迭代，设计变得日益肥硕，甚至成了对原型车的讽刺。由于每一代产品的设计师都希望努力保持品牌的设计特征，车型的比例设计受到了很大影响。

奔驰 GLK

如果这款 2008 年首发的车型格栅上没有三叉星标志，几乎没有人能从设计上辨认出这是一台奔驰汽车。这款笨拙的 SUV 试图在紧凑级豪华车领域传达如同军用风格的 G-Wagen 一般的硬汉形象，却在奥迪精心雕琢的 Q5 面前一败涂地。

没有漂亮外表的汽车是天生的弃儿。它们在媒体上被诋毁，在社交网络里被嘲弄，每当人们聚集在一起谈论汽车时都会毫不留情地对它们肆意讥讽。它们被遗弃在展厅里——但它们并非真的一无是处。

有些车尽管外观不好看，内在却如金子般闪耀，本质上是很好的车。丑陋的菲亚特 Multipla 车型就是典型的例子，也包括克里斯·班戈（Chris Bangle）设计的菲亚特 Coupé 车型和宝马基于 Z3 平台打造的 M Coupé 车型，经历了从最初遭人唾弃到最终广受赞誉的过程。还有一类可能出错的情况是，设计师试图在小型汽车平台上创造出更大的汽车，掀背车衍生出的轿车版和旅行版就是典型例子：丰田的 Yaris Verso 车型看上去不太美观，却非常实用，斯柯达的 Roomster 车型也如是。

历史上的失败案例比比皆是，英国利兰公司（Leyland）是奥斯汀（Austin）、莫里斯（Morris）和众多知名英国汽车品牌的继承者，他们所占的市场份额近乎是垄断的。凯旋 TR7 coupé 有如切达奶酪般的楔形设计、类楔形的公主（Princess）以及圆球状的 Allero 车型都勇于采用新的设计风格，却都没达到预期效果。福特的失误则包括看起来像果冻模具的 Sierra 和 Scorpio 的最后一次迭代设计，它们从未从一个裂开的、像鱼一样的镀铬格栅与一个巨大的缺乏平衡感的行李舱的冲突造型中回归正轨。在北美，福特金牛座（Taurus）车型也受到了类似的影响，被认为是不受欢迎的。

公众对公开挑战审美标准的日产 Juke 车型产生了两极分化的观点，但这并不妨碍它像抢手的热蛋糕一样卖给了追逐时尚的城市居民。令人始终疑惑的问题在于，为什么日本制造商们的超环保车型必须设计得如此复杂且难看。第一代丰田普锐斯（Puris）的设计低调朴素，如今的第四代车型却充斥着锐角、折痕和怪异的缺乏平衡感的形面，氢动力车型 Mirai 则几乎从所有角度看来都显得比例失调。至于作为 Mirai 竞争对手的本田 Clarity，其笨重臃肿的车身看起来似乎要淹没瘦弱可怜的底盘。如果这是生态友好型汽车设计的发展方向，我们将面临充满丑陋汽车设计的未来。

雪铁龙

每当谈到汽车设计中的创新和灵感时，首先提起的一定是雪铁龙。从 1919 年诞生到 1970 年代被标致汽车收购，雪铁龙在汽车设计的各个领域都孕育了精彩的创意。

前轮驱动、一体式结构、液压自平衡悬架、流线形、单辐式方向盘等理念与技术都是由雪铁龙开创和推广的。此外，雪铁龙还对外饰风格进行了具有高度独特性的处理，并对驾驶者操控、仪表和汽车在道路上行驶的方式进行了诸多脑洞大开的创造。尤为重要的是，雪铁龙汽车的真正与众不同之处在于其出色的外形设计吸引着最具创造力的人士，这个群体乐于接受开放和自由的哲学，偏爱激进的原创设计，而不是一味地做潮流的跟随者。

雪铁龙是汽车设计史上两款最伟大的创新革命车型的始作俑者——1934 年的 Traction Avant 和1955 年的 DS。两者都取得了勇敢而辉煌的进步，这源于拒绝接受平庸现状和对创作冲动的渴望。然而这两次创新革命也让雪铁龙付出了巨大代价，前者使安德烈·雪铁龙（André Citroen）的公司破产，随之而来的压力导致他在第二年去世。尽管 DS 品牌在 20 世纪 50—60 年代为雪铁龙汽车开创黄金时代提供了坚实的支撑，但这样的成功也使雪铁龙彻底沉沦在对工程冒进的追求中，这导致他们在 20 世纪 70 年代再次陷入困境。

以保守和谨慎著称的标致汽车伸出了援手，不过作为雪铁龙多年的竞争对手，标致的拯救堪称耻辱，他们通过在工程上看似更合理的在标致车型上直接使用雪铁龙标志，使雪铁龙品牌得以存续。但这种行为让雪铁龙的忠实拥趸们感到震惊，并触发了自那时起这个品牌独特的二元对立性，既品牌基因中隐含的特立独行且不计成本的创造力，与会计师对成本控制、利润创造的稳定性的要求之间的斗争。

因此，雪铁龙在过去几十年中既经历了低谷——著名的雪铁龙标志被直接安装在标致车型上，又不乏高光时刻——创造出的经典车型包括：敢与大众高尔夫一决高下的甘迪尼风格的 BX 掀背车、与众不同的 C6 豪华轿车，以及充满时尚气息的 C4 Cactus。

对担心雪铁龙的创新精神可能已经被稀释得面目全非的拥趸来说，令人乐观的现状是：2010 年标致雪铁龙汽车将 DS 品牌独立出来，意在将其打造为充满抱负的高端品牌，这一决定隐含着对1955 年那台举世闻名的原型车的敬意，以及对践行创新精神的承诺。在今天色彩斑斓的 DS3 和宁静精致的 DS5 上，这一承诺或许会得到兑现。

词汇表　创新

尾翼（Aerofoil）：严格来说，指空气流过机翼时提供升力的横截面，即翼型。在汽车上一般指尾翼，用于提供下压力，保证行驶稳定性。

风冷（Air Cooled）：冷却介质为空气而非液体的发动机，现在只能在摩托车上找到。

纯电动汽车（Battery Electric）：完全由蓄电池供能的汽车，例如日产聆风和特斯拉。

紧凑型（Compact）：美国汽车分类，于 1950 年代后期提出，适用于比标准尺寸或全尺寸略小的汽车。

概念车（Concept Car）：由设计师开发的一次性原型车或展示车，用于展示新的造型主题或配置，不一定有动力或能移动。

设计语言（Design Language）：设计师处理形面及其交界的方式，可以是光顺和柔软的，也可以是结实的和几何的，简单的或复杂的，也称形式语言或形面语言。

双 V 形标志（Double Chevron）：雪铁龙的品牌标志，取自人字形齿轮的啮合造型。

水平对置四缸、六缸（Flat Four，Flat Six）：气缸排成 2 列（或 3 列），分别置于曲轴两侧，彼此相对的发动机。

燃料电池（Fuel Cell）：一种供能系统，将氢燃料和大气中的氧气混合以产生电流，并为驱动电机提供电能。燃料电池没有活动部件，它唯一的排放物是水。

全尺寸（Full Size）：美国车辆尺寸分类，过去基于长度（约 5.6 米），而现在由发动机舱和行李舱体积决定。

混合动力（Hybrid）：结合多种能源形式的车辆动力装置。

液压制动器（Hydraulic Brakes）：通过管路系统中的流体压力操纵的制动器，在 1930 年代开始取代拉索式制动器。

液压气动悬架（Hydropneumatic）：为 1955 年的雪铁龙 DS 开发的悬架系统，使用高压流体和空气提供平稳的行驶体验感，可自动抑制车身俯仰。

肌肉车（Muscle Car）：美国汽车类别，源自 1964 年的福特 Mustang，指具有张扬外观和外饰风格的大功率（通常搭载 V8 发动机）紧凑型跑车。

平台（Platform）：一组预定义的车辆部件，包括底盘、悬架、制动器和电气架构，可以标准化并大量构建，以最大限度地降低单位生产成本。

Pullman：最初是一款具有非凡舒适性的铁路车厢。梅赛德斯－奔驰将此名称用于 1963 款 600 Grosser Mercedes 的长轴距版，现在又用于迈巴赫版 S 级轿车。

转子发动机（Rotary）：一种内燃机，由菲利克斯·汪克尔（Felix Wankel）博士开发，采用三角形活塞做旋转运动，而不是柱形活塞做上下运动。

空间框架（Spaceframe）：一种汽车结构，由小型承重构件的框架组成，外表由蒙皮覆盖，相比一些传统结构更轻。

发动机启停系统（Stop-start）：汽车停止时（例如等待交通信号灯时）自动关闭发动机，并在驾驶者选择档位或踩下加速踏板时重新起动发动机的系统。

超级跑车（Supercar）：1960 年代创造的传媒术语，用于描述由兰博基尼 Miura 引领的新一波高性能异域跑车，通常采用中置发动机布局。

横置（Transverse）：发动机曲轴与车身宽度方向平行，以提高空间利用率。 1959 年，BMC 率先用于前置发动机的 MINI，而兰博基尼则用于中置发动机的 Miura。

轴距（Wheelbase）：前后轴间的距离，是驾驶舱空间大小的关键决定因素。

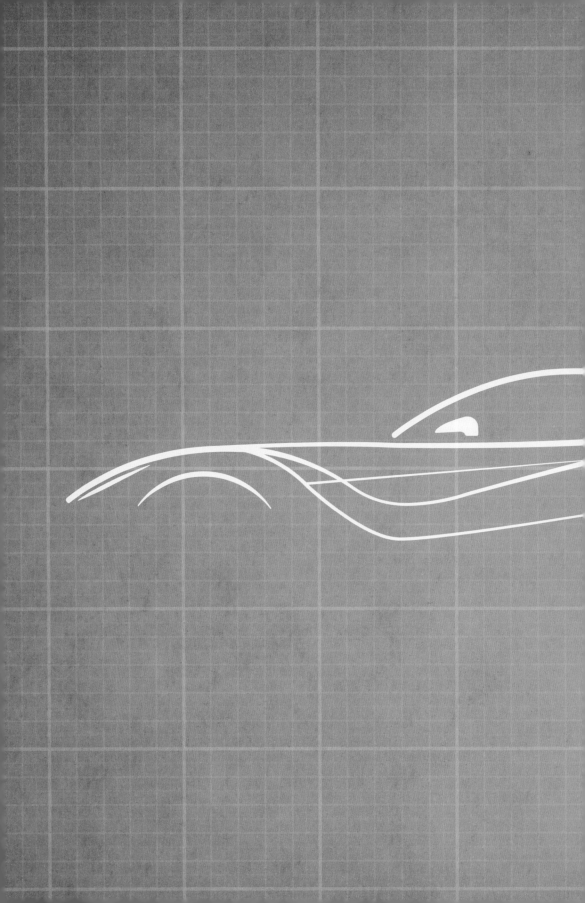

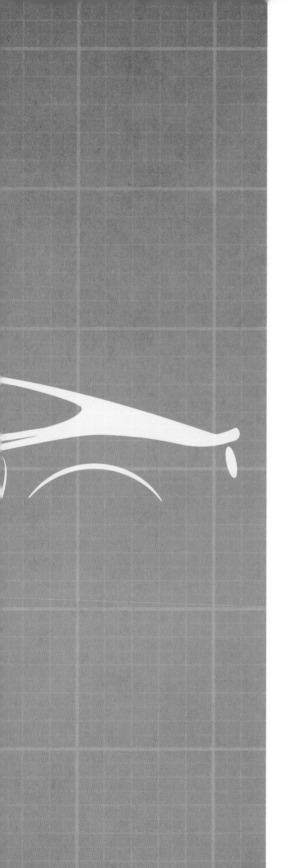

第4章
风格的要素

综述　风格、载体和声望

　　有人在彰显自己的风格，一定也有人对风格一无所知。风格对人来说是这样的，对汽车来说也如是。风格难以被准确地定义和描述，但有趣的是，人们一看到它就能迅速理解。

　　汽车能通过我们的潜意识激起强烈的情感，并使我们感知到风格的出挑。人们对汽车的审美感受，与对其他大规模生产的，诸如咖啡壶或计算机等产品的感受截然不同，好的汽车设计令人赏心悦目并为之魂牵梦绕，而设计失败的汽车则会让同一个人对其无动于衷。然而，有点自相矛盾的是，两者可能由同样的材料制造、有类似的工艺设计，最终也服务于几乎相同的生产目的。

　　如此巨大的差异应当归结于虚无缥缈却至关重要的要素：风格。它可以在一张张草图的铅笔笔触中体现出来，是优秀汽车设计师的灵感呈现。风格给观者的第一印象非常关键，但是否经得起长时间的审视也同样重要——真正有品位的设计风格可以在很长时间里不断撩拨观赏者的神经。

　　汽车的姿态和体量通常会决定受众的第一印象——也就是汽车与道路之间的关系，车身是稳重地贴附于地面之上，还是呈现出截然相反的状态——高高耸立着，甚至看上去有侧翻的倾向。汽车的整体比例也很重要——如何调整汽车的前后体量来平衡中部驾驶舱在视觉上的效果，也尤为重要。这其中暗含着"姿态"的概念，即汽车轮廓线的动态呈现：是舒适包容的，还是稳固庄重的，或是呈现前冲之势的楔形设计，甚至可以像食肉动物一样呈现出匍匐于地面准备出击的攻击性姿态。

　　当由远至近地品鉴一台汽车时，车身的剪影会逐步呈现出越来越多的细节：前后悬的比例、车轮的大小以及在车身侧面的分布位置、驾驶舱与下部车身的比例关系和轮廓结构，以及经设计师处理过的形面，用于控制光与影在车身上的相互作用。上述设计内容会让汽车变得栩栩如生，构建了汽车设计的蓝图，深刻决定了受众对汽车的第一印象。

　　本章中，我们将深入了解设计师的工作技巧，即他们塑造受众对产品的印象并激发受众情绪及购买欲的特殊技能。

风格的要素
如何解读设计

汽车的基本特征是由其整体比例决定的，也就是总长、总高、总宽之间的关系，以及车轮在这一范畴内的大小和位置。但汽车设计并不仅仅是如此显而易见的状态，设计师有很多独门绝技能巧妙地将他们所要传达的信息蕴含于设计之中。

例如通过强调车身上的水平线形，可以使较短的车身看起来更长，也可以在设计中使用贯穿整个车身的特征线达到同样的目的。类似的设计技巧在建筑领域也有应用，"悬浮式"设计的屋顶能突出水平元素，拉长对于低矮建筑的视觉感受。将车身前后角变圆的技巧同样对改善设计效果有所帮助。反面案例也同样存在，如果单纯增加车身前后悬长度，就很容易使车身看起来过于臃肿和笨拙。

上述特征结合车顶结构和驾驶舱的轮廓线，基本决定了汽车的固有姿态。如我们所见，带有上升趋势腰线的楔形轮廓线，传递出了强烈的动感前进的感受，即使在相对高大的 SUV 上的设计也如是——路虎揽胜极光（Range Rover Evoque）对此做出了很好的诠释。水平的腰线给人较为平静的印象，而"溜背"式车顶轮廓线则带有运动型跑车般的运动感，目前是设计高大跨界车的重要手段，能为其注入充满活力的感受，也巧妙掩饰了略显臃肿的体量感。

也有很多汽车设计师坚信，汽车视觉特征中最重要的元素是风窗玻璃区域，尤其是侧窗玻璃与金属车身的比例关系。近年来的趋势是压缩侧窗的比例，使其看起来更窄，形成坚固、安全的外观设计效果。恰如其分地凸显经过精心设计的 DLO（由汽车侧窗玻璃所构成的形状），可以使整车的设计看起来更修长——捷豹 XJ 对此进行了完美诠释。

姿态是汽车设计中潜在的最重要的意识。如果汽车的姿态设计低而宽，尤其是车轮也很宽的话，则可以增强运动稳定感；如果姿态设计很高，并为超大轮拱中的宽厚轮胎提供了充足的悬架行程，则可以显示出汽车良好的地形适应能力；长轴距的姿态控制则能赋予汽车空间感和奢华感。

雷克萨斯 NX 的夸张比例

即使在设计 SUV 时，设计师也更倾向于低矮而宽大的设计。雷克萨斯在 NX 跨界车上采用了复杂锯齿状的表面造型设计，具有戏剧性的价值在于，这成功地让受众忽视了其又高又窄的侧面车身比例。

大延伸

有关使用侧窗轮廓来拉伸汽车姿态的设计案例，可以参考梅赛德斯 - 奔驰 CLS 猎装车。镀铬饰条从 A 柱到尾灯呈巨大的弧形延伸，在视觉上完美地使车身变得更修长。

危险的"套娃"设计

高级汽车品牌乐于通过在不同尺寸的车型上应用雷同的家族风格语言，来加强品牌的识别度。奥迪 SUV 的设计模板，在 Q7 和 Q5 两个车型上得到了良好运用，但在体形较小却看上去很高的 Q3 上，则疲态尽显。

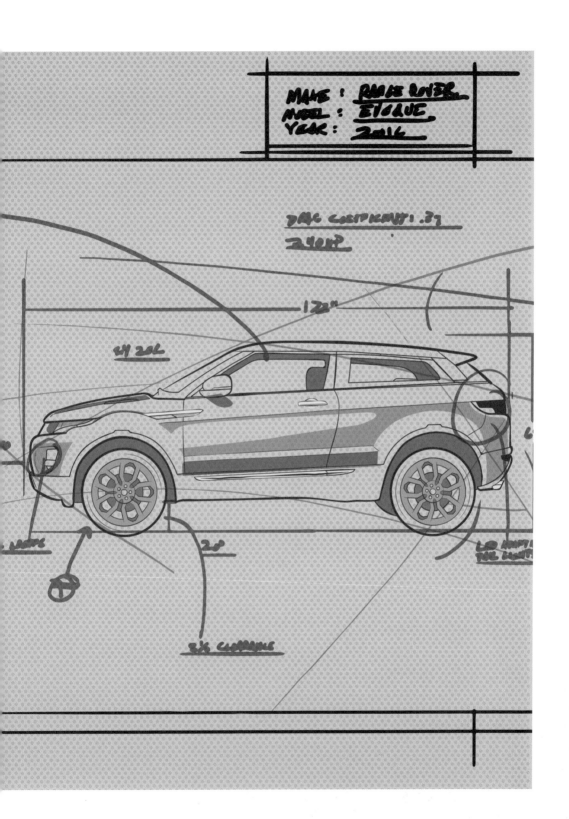

大师——乔治亚托·乔治亚罗

如果说宾尼法利纳设计工作室的历史就是汽车设计发展史的话，那么乔治亚托·乔治亚罗（Giorgietto Giugiaro）则将汽车设计提升到了殿堂级水平。在近 70 年的时间里，他和他创立的意大利设计工作室（Italdesign）完成了 200 多款量产车和 100 多款概念车的设计。这些设计作品销量巨大，最近一次统计的数据显示为 6000 万台左右。1999 年时，乔治亚罗被评选为 20 世纪设计大师。

乔治亚罗对造型和基础工程，以及汽车总布置的准确把握，使他的设计非常具有吸引力和影响力，最为重要的是他在商业上的巨大成功。乔治亚罗最著名的作品是 1974 年推出的大众高尔夫，它帮助大众集团在 2016 年登上了世界第一的位置。但乔治亚罗的设计影响力并不仅限于此，他的作品包括了菲亚特旗下的 Panda、Uno 和 Punto 车型，以及 Alfasud 车型和 1979 年的蓝旗亚 Delta 车型，相比大众高尔夫而言，这些设计作品在不同维度上都令人叹为观止。

这些车型都有竞争对手所没有的清新、鲜亮和清晰的设计。乔治亚罗在这方面比其他设计师做得更多，他通过大批量产品使优秀设计大众化，在这个过程中潜移默化地提高了民众的审美水平。他也因更有远见的想法而产生了巨大影响，关于这一点最著名的例子莫过于 1977 年的纽约出租车，以及次年的蓝旗亚 Megagamma。乔治亚罗通过这两款车提出了高大、节省空间的构造理念，带来了所谓家用小型厢式货车的概念，并在 1983 年催生了菲亚特的 Uno。而在早些时候，玛莎拉蒂引人注目的 Dart 概念车则使乔治亚罗有争议的"折纸式"（folded paper）设计语言具象化，这种设计手法催生了 1974 年的路特斯 Esprit，以及 1978 年的宝马 M1。

然而，M1 并不是乔治亚罗为宝马设计的第一件作品。乔治亚罗 1938 年出生于一个艺术世家，曾就读于都灵的艺术学校，在那里，传奇的菲亚特设计师但丁·贾科萨（Dante Giacosa）看到了他的汽车草图。随后，乔治亚罗开始在菲亚特担任高级设计学徒。再后来，奴西奥·博通（Nuccio Bertone）慧眼识珠，将乔治亚罗招至麾下。业内有个传说，博通将乔治亚罗随手画的草图方案卖给了阿尔法·罗密欧，由此演化出了著名的 2600 双门轿跑车。乔治亚罗于 1961 年在博通公司完成的宝马 3200CS coupé 设计优雅，与阿尔法·罗密欧的大型车有着许多类似的极具吸引力的设计基因。

1967 年，乔治亚罗在 Ghia 公司短暂任职，其间他设计了颇具影响力的 De Tomaso Mangusta 车型。之后，他与阿尔多·曼图万尼（Aldo Mantovani）合作创建了意大利设计工作室，奠定了未来 40 年的行业设计规范。乔治亚罗由此开始涉足更多种类的产品设计，包括了相机、手表、缝纫机和家具，甚至还有面条。但在 2010 年大众汽车公司购买了意大利设计工作室 90% 的股份后，乔治亚罗的影响力开始逐渐减弱。

五年后，他通过出售股份退出了自己的公司，但他仍然堪称汽车工业有史以来最才华横溢且最多产的设计大师。

风格的要素
大师风采：
乔治亚罗的经典汽车设计作品

对高尔夫的
错误决策

虽然现在看来难以置信，但在 20 世纪 70 年代初，大众汽车公司的许多高级管理人员认为，计划于 1974 年推出的高尔夫将无法获得成功。幸运的是，他们的想法是错误的。

乔治亚罗的
怪兽机器

并非每个乔治亚罗的设计都是优雅且有吸引力的。1992 年的巨大的 Columbus 概念车便是其中的另类，它是一款奢华的 6 米长公路游艇，拥有可容纳 7 人的双层车身，但它并没有流行起来。

电影的魅力

除了达斯汀·霍夫曼主演的电影《毕业生》中的阿尔法·罗密欧车型外，最著名的电影汽车明星当属乔治亚罗设计的 DeLorean DMC12，它因在电影《回到未来》（Back to the Future）中作为主角布朗博士的时间旅行机器而闻名。

乔治亚罗的量产车和概念车产量如此之高，以至于他所设计的作品名称足以填满这本书的好几页。早期，他的许多引人注目的作品都获得了（非商业意义的）成功，因为它们是为规模较小、专业化程度较高的跑车制造商设计的，或者作为概念作品仅限于出现在车展和赛道上。

乔治亚罗早期作品的特点是简洁流畅的曲面，重点在于比例的清晰和优雅，阿尔法·罗密欧的 Gordon-Keeble GT、隽永的 2600 Coupé 以及 Giulia GT（后来的 GTV）均是这一时期的代表作。宝马 3200CS 也属于这个时期，它的优秀特质传递给了后来的宝马 3.0 CSi。

到 20 世纪 60 年代中期，乔治亚罗已经完成了 Iso Grifo、Rivolta、Simca 1200S Coupé 和玛莎拉蒂 Ghibli 等一系列作品，但直到 1968 年自己的工作室——意大利设计（Italdesign）成立后，他才真正以标志性的简洁、清新的设计风格大放异彩。Bizzarini Manta、玛莎拉蒂 Bora 和阿尔法·罗密欧 Alfasud 等令人难忘的作品奠定了工作室早期的作品阵容。同时，为大众汽车设计的一系列项目，包括帕萨特（Passat）、尚酷（Scirocco）和高尔夫，令他蜚声国际。此外，Alfetta GT 和 Alfasud Sprint coupé 则为他赢得了跑车迷的追捧。

乔治亚罗于 1975 年在激进的路特斯 Esprit 上推出了所谓"折纸式"（folded paper）风格。这一风格在宝马 M1 和 DeLorean DMC12，以及 1979 年推出的娇小完美的蓝旗亚 Delta 等车型中则以更温和的形式呈现。

1980 年推出的低成本的菲亚特 Panda 车型持续生产了 23 年。它的成功也催生了 1983 年的菲亚特 Uno 车型，这是一款具有开创性的高比例小型车。从许多方面来看，这是意大利设计工作室的全盛时期，这段时期出产的作品包括萨博 9000、蓝旗亚 Thema、五十铃 Gemini/ 雪佛兰 Spectrum、第一代西亚特 Ibiza、雷克萨斯 GS300、斯巴鲁 SVX 和雷诺 19 等众多车型。

接下来的几十年里，各种车型层出不穷：菲亚特 Punto、布加迪 EB110、玛莎拉蒂 3200GT、阿尔法·罗密欧 Brera、兰博基尼 Gallardo。值得一提的是菲亚特 Croma，这是第一款探索跨界架构的车型。此外，还有 Quaranta、Brivido、Clipper、Gea 和 Frazer Nash Namir 等概念车作品。

风格的要素
车窗、车轮和车顶支柱

驾驶舱前移或后移

1990 年代中期，克莱斯勒在其驾驶舱前移设计理念（cab-forward design philosophy）上做了大量工作，为乘客提供了更大的空间。2004 年，宝马采取了截然不同的设计方式：他们将 1 系（1-Series）的驾驶舱移到后部，以强调修长的发动机舱盖和后轮驱动特征，这在当时的细分市场中是独一无二的。

概念形象重塑

角度的细微差别可以造成巨大的影响：奥迪 2015 年发布的 e-tron quattro 电动跨界概念车虽高大威猛，却不失优雅；2017 年的 e-tron sportback 概念车保持了类似的坚实结构，但倾斜的溜背式车尾为它注入了动感的气息。

史上"最快"的风窗玻璃

用设计师的话说，快速风窗玻璃（fast windscreen）是一种急剧向后倾斜的风窗玻璃设计形式。有史以来"最快"风窗玻璃的桂冠要归于博通 1968 年推出的 Carabo 展车，它掀起了楔形车身轮廓的热潮。

比例，尤其是黄金比例——在艺术和建筑领域有着重要的影响，而汽车设计中也隐藏着数量惊人的几何学。角度、比例和形式会微妙地影响我们对设计的感知，看似微不足道的变化（例如 A 柱的倾斜度）却可以完全改变一台汽车的特性。

这里有两个关键点：车轮和支撑车顶的支柱。在和谐的常规设计中，由 A 柱（支撑前风窗玻璃的支柱）向下投射的延长线通常会与前轮中心相交；如果这条线在前轮中心之前，则汽车看起来会显得更小，更高，更像小型货车。如果这条线在前轮中心之后，则会给人一种发动机舱盖修长的印象，这是地位和力量的象征——捷豹 E-Type 便充分印证了这一点。位置最靠后的车顶支柱（C 柱或 D 柱）也是一个关键之处：它的倾斜度越大，汽车看起来就越具运动感，而垂直或接近垂直则意味着实用性，就像厢式货车那样。

现在将这两条假想线（指 A 柱与 B 柱的延长线）向上投射到它们在车顶上方的交会点。交会点越低，汽车就越显得运动，而该点的前后位置提供了视觉中心所在位置的线索。交会点位于 B 柱上方是家用车的标准样式，位于 B 柱之后则强调汽车的后部空间，位于 B 柱之前则强调汽车的前部空间。更重要的是，设计师可以通过高光和遮挡来操纵这些感知角度，以达到他们想要的几乎任何效果。

轴距与车轮尺寸的关系则是另一个有趣的指标。概念车一般都有不切实际的大直径车轮。但近年来，随着汽车变得更高，它们的侧面看起来更厚了，因此量产车的车轮尺寸也随之增长。为了抵消大面积金属面板（的厚重感），装配更大尺寸的车轮是必不可少的，因此即使是城市汽车现在也拥有 15 英寸或更大尺寸的轮辋。车轮与轮拱的紧密配合是良好设计的关键目标，正如我们在下一节中将看到的，车轮本身的设计比大多数人想象的要重要得多。

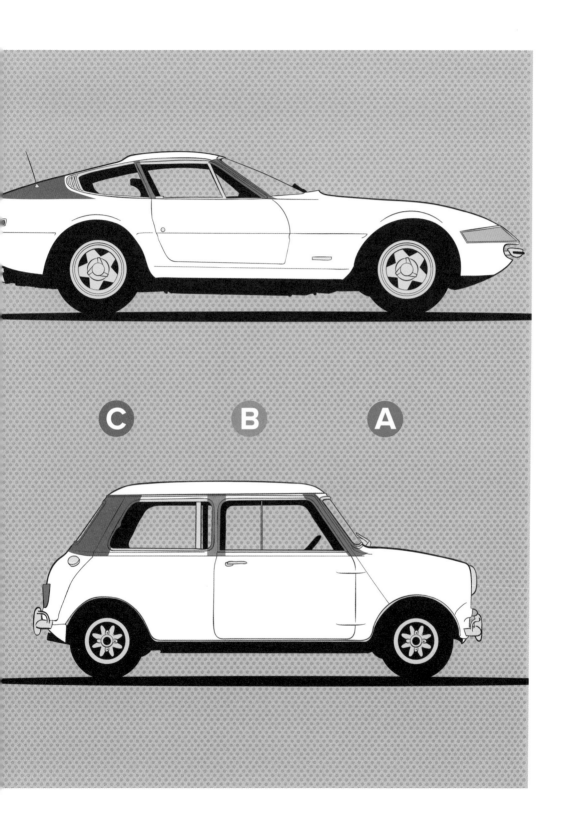

C   B   A

风格的要素
车轮

小轮子的灾难

英国利兰公司1980年推出的 Metro 车型用于取代 MINI，它的车轮又小又窄，给人以玩具般的印象，而这一设计从未得到修正。塔塔（Tata）的 Nano 甚至有着比前者还小的车轮，这使它看起来像带脚轮的家具。

端正的标志

劳斯莱斯幻影在静止时，其车轮中心的 RR 标志总是端正呈现的。这是因为在 2003 年工程师们设计了一个巧妙的枢轴系统，能在车轮旋转时使标志保持端正的静止状态。

最佳车轮设计

许多车型都有资格争夺这一殊荣，法拉利 Daytona 的经典五角星车轮、宝马初代 M1 的车轮、萨博 99 Turbo 的车轮、早期 MINI 上以赛车为灵感设计的 Minilite 车轮，还有奥迪在 2009 年发布的 e-tron 概念车上的精致优雅的车轮。

轮辋是圆形的，通常由铝或其他合金铸造而成，总是难以清洗。更麻烦的是，它们被沉闷的黑色橡胶轮胎所包围，轮胎容易损坏，而且更换成本高昂。那么，为什么车轮会被视为汽车设计和设计风格中如此重要的组成部分呢？

首先，也是关于车轮最重要的一点，它是汽车行进时最明显的活动部件：既是汽车运动性的唯一见证，也是速度的唯一标志。因此，这就是为什么那些为追求速度而生的汽车——主要指跑车和性能车——倾向于配置具有强烈径向辐条或花纹的轮辋，这些图形清晰地强调了汽车的运动性，也因此凸显了功率。初代萨博 99 Turbo 厚实的百叶窗式合金轮辋就是一个很好的例子，真正体现了动感。

豪华车的车轮设计则是截然不同的。豪华出行的本质是平稳与宁静，需要远离噪声与外部因素的干扰。因此，豪华车的轮辋往往呈现类似平滑圆盘的样式，几乎彻底抛弃了径向细节，在行进时几乎难以察觉，使汽车能以优雅的、近似滑行的方式行驶。1955 年，设计空灵的雪铁龙 DS 却采用了普通的轮罩设计就是最好的印证。

车轮与轮胎的第二个要点在于，它们代表着汽车与地面的接触，这决定了汽车的抓地力、制动力、加速以及转向能力。因此，车轮与轮胎的组合相对汽车的侧面厚度来说不能显得太小，并且车轮必须与包围它的轮拱紧密配合。最重要的是，车轮不能设置得距外部车身太远，否则汽车会显得狭窄且不稳定。制造商们已经逐渐吸取了这一经验，现在即使是在量产品牌的入门级车型上，虽然车轮相对较窄，但仍会尽量向外设置，以与轮拱对齐。

风格的要素
美之线

线条可以视为设计师铅笔盒中的亮点。它们有多种形状和大小：或粗或细，或轮廓鲜明或柔和模糊。线条是创造特征、标记形面过渡以及微调构图的重要工具，用以确保将观察者的视线吸引到正确的方向上，从而使风格效果最大化。

那些从汽车的三维形态中自然产生的线条是最重要的，尤其是由翼子板顶端延伸至车身侧面的特征线。这类线条的过渡方式可以是平滑的，从而导出圆润的轮廓与柔和的线条，而如果是紧密的过渡方式则可能产生更锐利、紧绷的外观效果。这条线如果继续向后延伸，无论保持水平、向后上扬，还是急剧延伸到后轮拱上方，都会影响整个车身设计的姿态，因此这条线在专业上称为特征线（character line），它是能定义设计的关键线条。20 世纪 60—70 年代的"可乐瓶式"（Coke bottle）汽车就是典型的例证。

折线或锻压线通常也是设计中固有的手段。这些线形可以是凸起的，也可以是凹陷的，有时用来给平坦的车身面板增加一些有趣味性的、浅浅的线性压痕。类似的很多元素都会赋予汽车侧面造型附加的含义，有时用于谋取受众的目光，像出风口的线形有时就会发挥这样的作用。另一方面，骨骼线的特征如同名字一样，通常都是正向的，也暗示了隐藏在形面下的结构。

现代制造技术能在极小范围的面板上进行锻压与喷涂，设计师因此能实现比以往更尖锐的折痕设计。这使最新的奥迪和大众车型拥有了非常紧凑的车身形面处理效果，实现了用一条强有力的凹槽式特征线贯穿全车，以增强设计效果。

然而，太多的冲突性折痕与线条会导致整体信息的混乱。现代、起亚和奔驰都曾犯过这样的设计错误，而后者最近宣扬的"无折痕"（no more creases）设计策略表明，通过简洁的表面处理，结合坚实、不间断的肩部线条，可以给人留下清新的印象。

风格的要素
光与影

光的课程

线条简洁明快的设计最能体现光线的影响。例如第一代大众高尔夫，其车身清晰、平坦，侧面特征线下方的形面是偏暗的，但其上方总能捕捉到光线。

形面魅力

宝马的"火焰表面"（flame surfacing）特征为几乎每块形面都增加了三维立体感，这使形面能捕捉到大量的光线反射。这在 Z4 的设计上表现得淋漓尽致，尤其是在前翼子板转向灯凹槽周围的细节设计上。

立柱消失魔法

光线、阴影和色彩效果可以用来改变汽车结构的感知比例。用深色玻璃"包裹"立柱可以使其在视觉上消失，使侧窗玻璃看起来更修长；黑色装饰嵌条可以使汽车前后围板的视觉质量下降。

光与影的相互作用能使静态物体变得栩栩如生。高光和暗部能揭示出物体的立体感，使其形面的轮廓变得清晰。对汽车设计师而言，复杂软件工具的出现使他们能进行更复杂的形面处理，以充分利用光线带来的效果。

理论上讲，汽车朝上的表面（发动机舱盖、车顶、翼子板顶部）会反射天光，从而显得明亮。相对而言，车身侧面等较低的区域，通常会显得较暗，因为它们会将光反射到地面上。不过情况并非总是如此。

设计师巧妙地控制形体和形面，以改变汽车特定部位的感观效果。例如，将轮拱在顶部巧妙地向外翻转以捕捉更多光线，在本来暗淡的表面上增添高光。我们可以在沃尔沃和捷豹某些车型的腰部或后轮上方夸张的车肩上见到这样的设计。这种高光处理方式强化了设计特征的表现。

更有趣的是所谓的"捕光器"（light-catchers），随着高底盘跨界车日渐引领业界风潮，"捕光器"的设计手段开始发挥更多作用。跨界车从侧面看起来通常很厚，显得笨重。为了应对这种状况，设计师调整了门板下部的轮廓，使其略微向上，以反射出较浅的色调，从而在视觉上减少车身侧面的厚重感，并降低了车身的视觉高度。雷诺等制造商则将这一方法与轻微挖空车门及抬高深色门槛线结合，由此产生的"夹心"效果使雷诺 Clio 和风景看起来更纤细、低稳和轻盈。

漆面也会产生重要影响，比如黑色喷涂的形面很容易欺骗人的眼睛。虽然以往那些高端定制客户所钟爱的混乱配色已经退出了主流时尚，但哑光和半哑光涂料依然可以带来完全不同的甚至充满情趣的汽车外形设计解读。因为它们能反射出纯粹的散射光，而不是反映物体的实际体量与阴影。

风格的要素
光效、饰物和装饰

福特雷鸟（Thunderbird）的序列式后转向灯

1965 款福特雷鸟的序列式后转向灯，是汽车史上最著名的照明效果之一。这种转向灯会依次点亮三个灯泡，指示汽车的待转方向。

宝马的"天使眼"

照明供应商海拉（Hella）一直在努力为光环式车灯设计方案寻找客户，直到宝马公司为2000年的 5 系轿车（5-Series）抢购了这项专利。这种设计很快就得到了"天使眼"的美誉，现在几乎每个汽车制造商都有专属定制的标志性灯光方案。

组合尾灯

1990 年代的沃尔沃 850 旅行车，因在行李舱盖上部引入了高位组合灯而受到赞誉。但这是首创吗？20 世纪 60 年代中期，在德国销售的福特 Taunus 17M 旅行车的尾灯就位于行李舱盖上部，这款车还是使用矩形前照灯的先驱。

车灯是构建汽车识别性最重要的图形元素之一。部分设计师将汽车的前照灯比作人的眼睛，赋予汽车脸部特征和表情。事实上，有些汽车甚至出现了眯眼或皱眉的情况——摩根的初版 Aero 8 车型就有一个令人不安的斗鸡眼似的外观，这个问题直到后续版本才得到修正。

前照灯也是一个敏感的设计话题。1990 年，宝马在 E36 3 系（E36 3-Series）中放弃了特有的四圆灯设计，转而采用在玻璃罩后配以圆灯的设计方案，这在当时引起了轩然大波。标致放弃自 20 世纪 60 年代开始使用的特有的斜梯形灯时，也招来了抗议。近来，日产 Juke 和雪铁龙 C4 Picasso 等车型放弃了常规的双前照灯设计，开始采用分布式灯具设计，而阿尔法·罗密欧和布加迪分别使用 6 个和 8 个射灯组成的矩阵车灯设计则已经持续一段时间了。

LED 技术正在为汽车设计师开启崭新的可能性，这肯定会引起巨大轰动。今天，多数新车都以精心设计的 LED 前照灯来对品牌信息进行标志性展示，很快，常亮的尾灯也会成为上述内容的组成部分。LED 前照灯紧凑而高效，几乎可以布置在前脸的任何地方。因此，生产商很快就会用照明灯条或照明灯带来取代公众所熟悉的眼睛式车灯。

然而，即使这些深刻变化正在发生，也不能改变照明是最重要的汽车品牌识别标志物这一事实。车灯将始终是汽车外观最明显的技术特征之一，而且形状、特征和效果是没有创新边界的。LED 和光纤照明已经广泛用于汽车内外饰设计，不仅有可能取代传统的照明系统，还可以调整车灯的颜色与光强。

另一个重要风向标可能是 MINI 在 2016 年发布的 Next100 概念车，它能将信息反向投射到门板上供路人观看，这似乎预示着汽车不仅能在黑暗中发光，还能如变色龙一般改变颜色。

风格的要素
身份和品牌

标志的逻辑

标志是企业形象的关键部分，梅赛德斯 - 奔驰、奥迪、雷诺和雪铁龙的标志是汽车企业标志中的翘楚。保时捷独特的纤长字体也承担着凸显企业形象的重任，雪铁龙的高端子品牌 DS 则因纯粹的风格而备受赞誉。

巨型格栅

很少有人会质疑劳斯莱斯经典的神庙式格栅的宏伟气势，也几乎没有人会质疑雷克萨斯纺锤形格栅带来的震撼感受。但就车身正面而言，没有什么能比北美地区 SUV 上巨大的、卡车般的格栅更胜一筹了。

饰物、标志和装潢

过去，你可以通过发动机舱盖或挡泥板上的一排圆形开口来辨别出别克汽车，或者通过发光的格栅徽章来识别出 Wolseley 汽车。如今，这些曾经被珍视的饰物大多已经消失了。时下汽车品牌特有的一些装潢设计，例如捷豹车型车身侧面的通风孔，能否成为未来的经典呢？

是什么让劳斯莱斯在众多汽车中鹤立鸡群？是什么让梅赛德斯汽车独一无二？又是什么赋予宝马汽车特立独行的形象？除了车身和车标外，首当其冲的是汽车的前格栅设计，每个品牌都有别具一格的前格栅样式，而且经过多年的专业化设计演变，以适应车身设计、空气动力学，甚至行人安全等领域的变化发展趋势。

梅赛德斯在这方面造诣颇深：尽管他们目前至少有三种主要的格栅样式，并完成了由 1960 年代的纵向设计向今天的横向设计的重大转变，但其风格依然非常清晰。当然，那个独特的三叉星品牌标志也是大有裨益的，标志的重要性对大多数高端品牌来说都是如此。

英菲尼迪和雷克萨斯等富有雄心壮志的后发高端品牌，为争取与传统高端品牌并驾齐驱而展开的竞争，能更加清楚地说明格栅作为车身装饰设计的重要意义。雷克萨斯选择了超大的纺锤形格栅，以寻求一目了然的可识别性。英菲尼迪则相对含蓄，设计出一种独特的 C 柱风格。至少对熟悉汽车的受众来说，这种风格与宝马汽车的"霍夫迈斯特拐角"（Hofmeister）一样，通过 C 柱设计提供了极高的品牌识别度。其他品牌也都有各自的独门绝技，像路虎的蚌壳式发动机舱盖设计、保时捷光顺圆润的外形设计，以及不幸倒闭的萨博汽车独特的眉毛式风窗玻璃设计，等等。

然而，对用户来说，没有什么比清晰可见的功能特征设计更加重要。近年来，张扬的个性化需求正在激增。以 2001 年新世代 MINI 上市为起点，对比色车顶、条纹、贴花和琳琅满目的轮辋选项已经成为注重个性化的买家，以及渴望获得佣金的销售人员最看重的选项。但具有讽刺意味的是，一旦每个人都拥有类似的个性化设计，所有汽车的外观设计就会再次趋同，汽车设计师则会重新面临挑战：如何将品牌形象设计推向更独特的崭新方向？

风格的要素
命名的游戏

身份的变幻莫测

我们可怜的公主（Princess）车型令人扼腕叹息。英国利兰公司的楔形家庭汽车于1975年作为奥斯汀·莫里斯品牌的18-22系列大张旗鼓地推出。不到一年后，该系列被重新命名为公主。1982年，它又回归奥斯汀品牌，并被冠以大使（Ambassador）之名。

名字还是数字？

高端品牌倾向于采用数字或字母命名，如C-Class、7-Series 或Q70。数字给人以充满科技感的印象，有助于买家直观了解车型的层次，在旗舰产品中尤为重要。

谬误或无意义的名称

为了避免商标侵权，许多公司创造了新的名称——Aygo、Yaris和Avensis 都是来自丰田的优秀例子，明显好过以下车名：三菱Carisma、铃木Esteem、大发Applause以及丰田Urban Cruiser（都是略显奇葩的名字）。

莎士比亚笔下的朱丽叶，对她那位来自敌对家族的心上人罗密欧含蓄地表达道："无论给玫瑰冠以何名，她都芬芳依旧。"作为众多文学巨匠中最杰出的一位，莎翁借此对给人和物起名字的重要性提出了质疑，但他的观点可能不太适合汽车工业时代。

对汽车制造商和销售者而言，产品的名称是其形象的内在组成部分，寓示着一款汽车的设计和给受众的印象。名称被赋予光环、联想，甚至是暗示，可以在潜在买家的脑海中勾勒出具体的画面。战马（Charger）、挑战者（Challenger）、头领（Boss）和地狱猫（Hellcat），显然与聆风（日产Leaf的中文商品名，本意叶子）、生命（Zoe）和玛驰（日产Micra的中文商品名，本意微米、微小）这样的名称给人的感受截然不同。

相比之下，以数字和字母命名的名称是冷淡且中性的，只有将它们附加到产品上时才会变得有感情。试想一下两款以"3"为名的车型——马自达3和宝马M3，是大相径庭的。

在全球化时代之前，每个国家都被关税壁垒所保护，且较多地依赖国内生产商而非进口商，制造商只需使用与本地文化相适应的命名方式就可以轻松营销。因此，在多数人看来，以地名命名适合英国人，鲜花的名称适合日本人，宫殿名称更适合法国人。但是，国际化贸易很快就证明上述命名方式受到很大的地域局限性，是有待商榷的。一般来说，欧洲人对日产汽车Cedric（公爵）的名称会嗤之以鼻，又有多少美国人能准确发出Elysée（法语，爱丽舍）的读音？

不恰当的名称翻译导致的歧义将带来更大的风险。三菱Pajero在西班牙语中有相当粗鲁的含义，丰田的MR2跑车不得不为法国市场重新命名（MR2的法语读音类似Merde，意为排泄物）。传说多年前劳斯莱斯在最后一刻才发现，Silver Mist根本无法很好地翻译成德语；铃木的Baleno在法语中与"鲸鱼"的发音非常接近，而雷诺的Mégane的发音在日语里是"眼镜"的意思。尽管如此，路虎坚定的盎格鲁·撒克逊式名称似乎确实很受欢迎，凸显了它所强调的英伦风范。

但正如顶级汽车品牌所证明的那样，简单明了才是真正的命名之道。像梅赛德斯-奔驰、奥迪和雷诺这些品牌，具有强大而鲜明的标志，以至于将企业名称放到车身上都是画蛇添足。

风格的要素
传世风格

意大利统治汽车设计

说到美丽的汽车，意大利一定是掌握话语权的。这可能有陈词滥调之嫌，但事实证明了一切：尽管并非所有知名品牌名称都源自意大利语，但意大利的汽车设计公司早已一统汽车设计江湖。

百佳设计

Autocar 杂志"有史以来最美的 100 台车"评比活动，共选出了 4 款宝马、5 款宾利、5 款布加迪、5 款兰博基尼、6 款保时捷、7 款捷豹、7 款阿尔法·罗密欧、9 款阿斯顿·马丁，以及不少于 13 款法拉利。2017 年的榜首被捷豹 E-Type 占据。

怪物总动员

"知名丑车堂"里也从来不乏"候选人"。下列车型一定名列其中：MINI Coupé、庞蒂亚克 Aztek、奔驰 GLK、本田 Clarity、丰田 Mirai 和最近两代的本田思域（Civic）（指第九代和第十代）。

如果一款汽车的体形足够大、售价足够高，并且具有强劲的动力且性能优良，那么要做到时髦是很容易的：修长而奢华的发动机舱包裹着性能强大的发动机，用风驰电掣般的曲线来突出速度感，用精致的细节彰显优雅形面之下的精湛工程结构。然而，想在快速迭代的时尚风潮中一如既往地保持时尚的姿态并不容易，正如可可·香奈儿指出的，时尚源自过时。

极端的时尚才是最容易过时的：优雅的 1966 款兰博基尼 Miura 明显比狂野的 1974 款 Countach 更加经久不衰。法拉利的一众车型也证明了这点，它们看上去始终很优雅。从 XK120 到 F-Type，众多的捷豹车型也是如此。宝马 i8 紧随着阿斯顿·马丁 DB4，同样印证了这个观点。

将车型做得更小、更实惠也能为之增添一分魅力。1954 年的阿尔法·罗密欧 Giulietta Sprint 就是一个绝佳案例，即使在 60 年后，它仍是真正的车中尤物。奥迪的第一代 TT 在这方面也表现不俗，A5 Sportback 也如是。创新性的路虎极光（Evoque）则让人耳目一新。

对于主要目标不是展示魅力和诱惑，而是应对日常家庭运输这一乏味任务的车型，保持这种长期的吸引力就要困难得多。曾经名声较好的案例包括：1953 年的菲亚特 1100；标致的许多车型，包括 404、205 和 306；沃尔沃的 Amazon；其他如雷诺 5、蓝旗亚 Delta 以及大众高尔夫 Mk1 和 Mk4。

重生的菲亚特 500 仍然像 2007 年推出时一样小巧别致，与之相对的是，归入宝马旗下的再度上市的 MINI，在 2001 年就变得健硕而时尚，但后续的迭代有陷入愈加笨拙状态的趋势。

经典的外观是延长设计寿命的另一个秘诀。宝马 507（1955 款）车型就拥有近乎永恒的美感，同年的雪铁龙 DS 以及 20 世纪 60 年代的克莱斯勒 300 和奔驰 230SL 等车型也如是。保时捷在 911 车型的设计上做得也许是最好的，换代车型之间的变化非常微妙，但总能给公众以足够的新鲜感。

词汇表　汽车设计

腰线（Beltline）： 汽车侧窗正下方的线条，位于上层玻璃覆盖处与下层车身或肩部的交接处。腰线的位置和倾斜度影响到汽车的外观和比例，以及特征和姿态。

蚌壳式（Clamshell）： 一种发动机舱盖或行李舱盖形式，其闭合线向外延伸，环绕到车身的垂直一侧，典型的代表是路虎和萨博。

DLO： 这一表述来自"日间照明开口"（Day Light Opening），用于描述汽车侧窗玻璃的形状。DLO 是汽车设计中最强大和最重要的图形元素之一。

翼子板（Fender，英国称 Wing）： 最初指直接遮挡车轮的盖子，自行车式的，现在指轮拱上方的车身区域。

防火墙（Firewall，英国称 Bulkhead）： 将发动机舱与驾驶舱分开的结构板，提供隔声和隔热功能。

悬浮式车顶（Floating Roof）： 一种看起来处于"漂浮"状态的车顶设计，因为支柱喷涂黑漆或上釉，所以看起来与玻璃的色调相似，是路虎揽胜的典型设计。

玻璃座舱（Greenhouse/Glasshouse）： 驾驶舱的上部，玻璃部分，是车身侧面轮廓的一个关键元素。

车腰（Haunch）： 车肩缓缓膨胀，以凸显后轮的肌肉感，通常与后轮驱动的轿跑车形式有关，尤其是捷豹。

发动机舱盖（Hood，英国称 Bonnet）： 覆盖前置发动机汽车的发动机舱的外部车身面板，通常可以抬起或打开，便于对发动机进行检修和维护。

捕光器（Light-catcher）： 车身面板的一个部分，形状通常是凹陷的，面向上方，通过反射上方的光线来提供一个亮点。通常用于增加车身下部面板的趣味性，是近些年雷诺汽车的典型特征。

线条（Lines）： 特征线、折痕线和膨胀线都有助于凸出汽车的视觉结构，并有助于创造形面主题，增加重点和兴趣，并引导观众的目光。

前后悬（Overhang）： 汽车上由前轮向前凸出和由后轮向后延伸的部分。悬垂和轴距之间的关系对于实现整体的视觉平衡至关重要。

A 柱、B 柱和 C 柱（A-,B-,and C-pillars）： 从车头向车尾数，是重要的结构件。车门铰接在它们上面，它们支撑着车顶，保护着乘员，并在视觉上框住车窗。柱子可以做哑光和黑化处理，或通过用侧面或后部玻璃包裹来掩盖图形。C 柱的形状可以提供重要的品牌标识，如宝马的霍氏拐角（Hofmeister kink）或英菲尼迪在柱子顶部的反向设计。

平面形状（Plan Shape）： 从上面看（平面图），车身的弯曲程度，特别是车头和车尾的弯曲程度。巧妙地利用平面形状，在视觉上将角向后拉，使设计师能掩盖前后多余的悬垂。

肩线（Shoulder）：肩线基本上贯穿了汽车上半身的长度，在那里它折叠起来与侧窗相接，其性质能反映汽车的基本特征。

姿态（Stance）：汽车相对道路和其他车辆的态度。它主要由车身与车轮、汽车与地面的整体关系，以及腰线的方向和侧窗玻璃的轮廓决定。

形面语言（Surface Language）：定义设计的汽车的基本形式语言，可以是圆润的、紧绷的、有角度的或流动的、复杂的或简单的。

轮拱（Wheel Arch）：车轮与轮拱的关系是至关重要的，设计师通常会尽可能地实现紧密的配合，奥迪是这方面的专家。

轴距（Wheelbase）：前后轮中心之间的距离，也是追求内部空间效率和优化乘坐条件的一个关键尺寸。

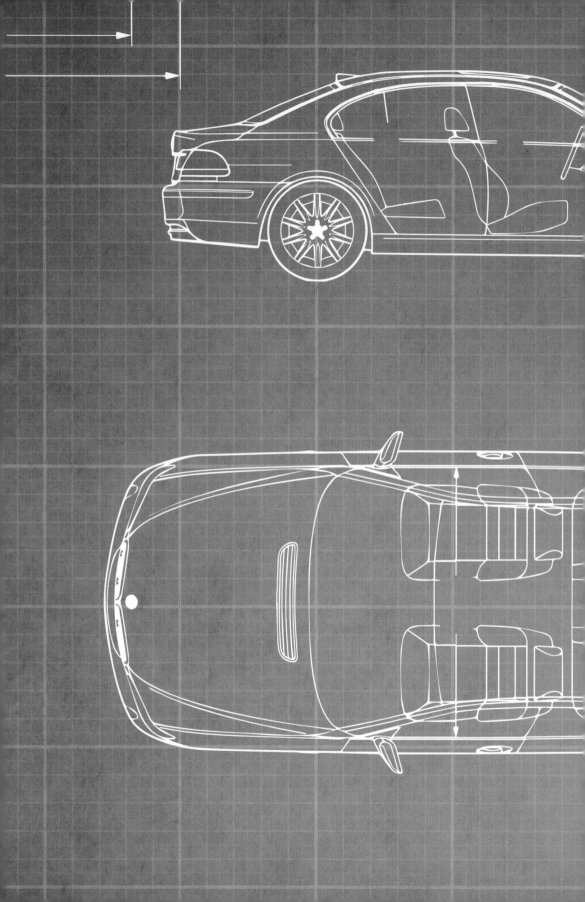

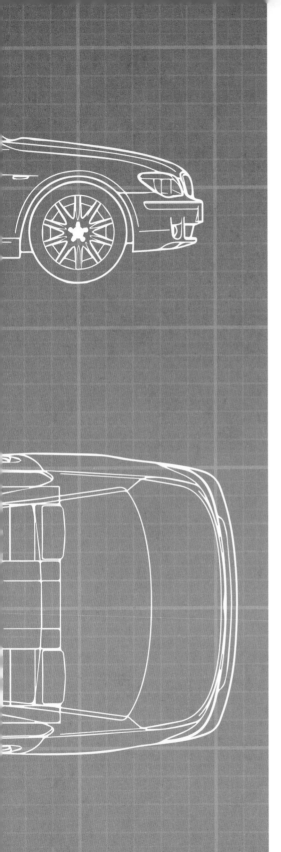

第5章
工程、内饰与空间

工程、内饰与空间
综述
工程、总布置设计与空间效率

在汽车设计中，隐藏在光鲜亮丽外表之下的结构工程几乎是决定一切的因素。底盘工程师们确定的尺寸既为驾驶舱框架的构建提供了基本的"硬点"（Hard points），也为设计师塑造外部比例和风格提供了起点；发动机的类型和位置布局会影响车身前部的形状；燃油箱的位置布局会给车内乘客空间带来影响；悬架的设计也不容忽视——复杂的后轴设计可能导致对行李舱空间的侵占。

以上所有要素的组合及其组合方式称为汽车总布置（Package），总布置设计是传统汽车设计流程的起点。汽车的总布置有着各种形状和尺寸，而紧凑型车由于占地面积较小，其机械部件需要以最巧妙的方式布置。因此，紧凑型车是对汽车总布置设计效率进步影响最大的汽车类型，而奥斯汀MINI 则更是个中翘楚。1959 年问世的 MINI 首次采用了将动力传动总成置于前轴之前的布置方式，使车身长度的 4/5 可以完全用于乘客空间和行李装载空间。如今，这种布置方式几乎被除豪华车外的所有车型所采用。

自 MINI 奠定基础以来，汽车总布置设计发展的历程中出现过一些不那么引人注目但同样重要的进步。梅赛德斯 - 奔驰凭借 1997 款 A 级车（A-Class）勇敢地颠覆了紧凑型车的架构设计方式，他们将发动机平放在前排乘客脚下，让乘客可以在相当于大众 Polo 的车身长度下享受奔驰 S 级轿车般的充裕空间。不幸的是，由于过高的制造成本，A 级车仅以这种布置方式存续了两代。本田汽车对燃油箱布局的重新思考，为旗下的飞度（Jazz/Fit）超小型车带来了创新性的可折叠式后排座椅布局。丰田汽车在 iQ 微型车上通过重新设计差速器和供热组件的布置方式来寻求额外的内部空间。

安全也是影响汽车总布置设计的重要因素。由于法规对汽车前后碰撞溃缩吸能空间的要求，今天汽车的总体尺寸变得比以往更大了。此外，汽车的前部造型轮廓也必须经过专门设计，以将碰撞中对行人的伤害降到最低限度。汽车尺寸越来越大的另一个原因是用户的身材变得越来越高大，直接导致了更多的空间需求，这也对汽车总布置设计工程师们的创造力提出了更高的要求。

工程、内饰与空间
架构、发动机与传动系统

太脱拉 SV-8

20世纪50年代中期，太脱拉的工程师们决定在603大型豪华轿车上使用V8发动机，这似乎是个好主意。但由于这台沉重的风冷发动机安置在后轴后方，导致603的操控性急剧恶化。即便如此，它仍旧在拉力赛中取得了不错的成绩。

与众不同的发动机

汽车产业中最伟大的工程师之一——费迪南德·皮耶希（Ferdinand Piëch）的壮志雄心意味着大众集团发动机的脱颖而出。助力保时捷赢得比赛的水平对置十二缸发动机、布加迪的十八缸概念发动机和Veyron装备的W16发动机、宾利的W12发动机、不寻常的VR6发动机和V5发动机，以及奥迪的直列五缸发动机，这些赫赫有名的发动机的诞生都要归功于皮耶希的努力。

躲猫猫的发动机

巧妙隐藏发动机的优秀案例包括：丰田Previa小型厢式货车位于中央地板下的发动机布置、大众Microbus后部的风冷四缸发动机布置，以及三菱i系列微型车位于后轴前方的小型三缸发动机布置。

前文说到汽车总布置设计是如何围绕一组固定的"硬点"开展的，传统上，这些硬点既由发动机的物理形状决定，还取决于发动机是用于驱动汽车的前轮、后轮还是全部4个车轮。最近的趋势表明，汽车制造商们更乐于朝着模块化的设计方向发展，通过将一系列标准化的部件装配在一起，极大地提高制造效率，使更多样化的长度、宽度、车身风格、发动机类型和驾驶布局组合得以实现。

即使在那些最为复杂和宏大的架构规划中，一些参数仍然需要固定，其中最典型的就是用于控制前保险杠后面的发动机总成空间大小的"从仪表板到前轴"的尺寸参数。在限定的尺寸范围内，汽车可以装配各式各样的发动机，像大众汽车就会选择包括汽油机、柴油机、混合动力和纯电动在内的多种动力形式。尽管如此，世界上绝大多数汽车仍以前横置前驱为标准布局，通常采用四缸发动机，有时也会用三缸、双缸、五缸甚至六缸发动机。在20世纪80年代，蓝旗亚甚至在较为罕见的Thema车型前部安置了来自法拉利的V8发动机。

与曾经大行其道的后置发动机布局逐渐被淘汰一样，后轮驱动形式在今天也变得相对少见，通常仅限于运动型和豪华型汽车使用。对这些车型而言，发动机可以是从直列四缸到V型十二缸中的任意一种，尽管后者会给总布置设计工作带来些许挑战，阿斯顿·马丁和法拉利发动机舱盖下令人咂舌的复杂性便充分印证了这一点。布加迪Veyron及其继任者Chiron则拥有中置的十六缸发动机，更有甚者是一些前置发动机布局的跑车，将变速器与后轴直接组合在一起，以改善平衡性，提高操控性。

水平对置发动机很少见，但它对汽车总布置工程师来说一直独具魅力：这种发动机结构紧凑、平衡性好，能通过保持低重心来获得良好的操控性。公众很容易记住的案例是：20世纪60年代，隐藏在大众Type3 Variant后地板下，或安置在雪铁龙GS前轴前方低平车鼻下的水平对置四缸发动机，还有保时捷Boxster安置在后轴正前方的水平对置六缸发动机。

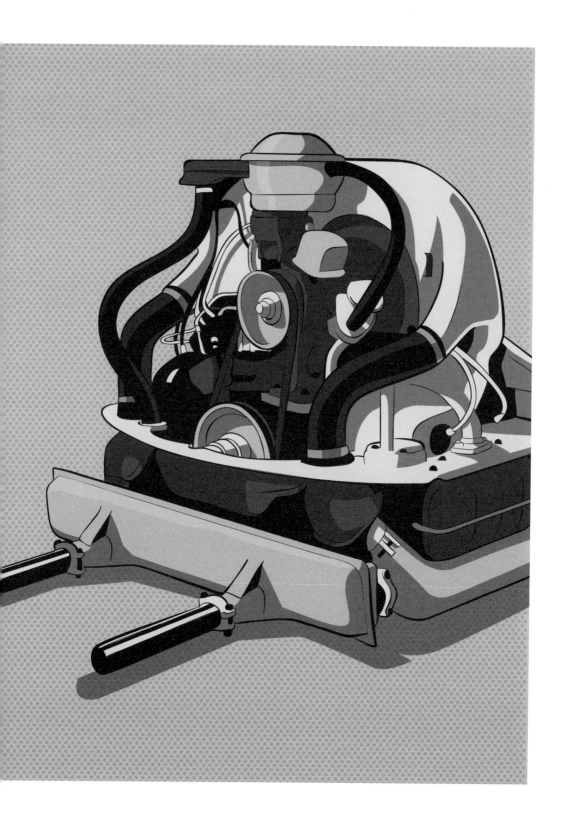

工程、内饰与空间
未来的变革

难以置信的紧凑型燃料电池

20 世纪 60 年代，美国的太空计划催生了利用氢和氧的化学反应产生电能的燃料电池，促使通用汽车在 1966 年开发了 Electrovan 原型车，安置于车身后部的笨重燃料电池系统，让 Electrovan 从一台足以承载 6 人的小货车变成了双座车。今天，车载燃料电池已经可以轻易安置在标准尺寸的发动机舱里。

通用 HY-WIRE 概念车

为展示燃料电池夹层底盘的潜力，通用汽车在 2002 年借助意大利设计公司博通（Bertone）的力量，为有"燃料电池三明治"之称的底盘匹配了时尚的车身设计和激进的线控驱动系统。这款概念车的空间堪称巨大，平坦的驾驶舱地板没有任何起伏。

至简宣言

还有什么驱动装置能比轮毂电机更简单呢？每个车轮都装有电机、传动装置、制动装置和悬架组件，至于转向和能源，只要加上电缆、动力电池和控制系统即可。

随着锂电池、燃料电池，甚至压缩气体等新能源形式的出现，设计师们将在布置汽车方面享有更大自由，进而为汽车的外部造型与内饰布局开辟全新的设计可能。

2000 年，通用汽车发布了 Autonomy 概念车，引领了新能源汽车总布置领域最早的研究。我们完全可以忽视这款车尖锐的、赛车般的车身造型，真正令人眼前一亮的是它轻薄的、如滑板状的底盘，底盘上搭载了包括氢燃料电池、控制系统和驱动电机在内的所有部件。这让汽车产业看到了电驱动的潜力——无论通过锂电池还是燃料电池，都可以彻底改写汽车总布置设计的游戏规则。

电机比内燃机要小巧得多，对冷却设备和辅助设备的需求也更少，因此工程师们正热衷于研发内置在轮毂中的电机。理论上讲，只需要一组动力电池、一套控制系统，外加用于连接两个或四个轮毂电机的电缆，就可以组装一台汽车。法国品牌文图里（Venturi）于 2008 年推出的 Volage sports coupé 概念车就使用了米其林的 e-Wheel 轮毂电机[1]。对汽车运动爱好者来说，这种技术可能会在操控动力学方面开辟全新体验，但更重要的是，它会让设计师在汽车总布置设计方面拥有更大自由。时至今日，动力电池和电机部件可以布置在设计师认为最有利于设计创意的部位，汽车不再需要笨重的传动轴和差速器。

迄今为止，还没有哪款量产车能令人信服地展示电驱动形式在节省空间方面的潜力，尽管豪华的特斯拉 Model S 成功地提供了 5 个成人座椅、2 个折叠式儿童座椅以及前后双行李舱，但这与一台五座的奔驰 E 级轿车所提供的空间仍然相差无几。不过，作为对未来的勇敢探索，来自沃尔沃、丰田、标致、宝马和日产的车型采用了电驱动桥技术，借此在无需大幅改变既有车型架构的情况下，引入了全轮驱动和混合动力系统。

---

[1] 轮胎品牌米其林（Michelin）推出的概念轮毂电机。

工程、内饰与空间
内饰架构

从前文不难看出，定义汽车总布置的关键点之一是座位的数量：两座双门跑车与七座小型货车的比例显然有天壤之别。座位的高度——既所谓的 H 点或者说臀点（Hip Point）——在总布置中也很重要：通常运动型跑车的 H 点非常接近地面，而在家用车领域，尤其是在跨界风格的车型设计上，目前的流行趋势是采用相对较高的坐姿，这可以使驾乘者拥有开阔的全方位视野并获得安全感。

一般来说，乘员笔直的坐姿有利于更好地利用车身有限的长度。让跑车驾驶者几乎水平伸展双腿的情况，绝对是对车内空间的极大浪费。无论何种情形，汽车设计师都必须考虑乘员的身材尺寸，以及是否要在头部空间、肩部宽度和座椅调节等方面满足那些身材健硕的乘员的需求。

座位的设计排布通常要具有一定的灵活性，这在小型汽车的设计中尤其重要。像丰田 iQ 的"3+1"座椅布局，依靠仪表台镂空设计，让前排副驾驶座位的乘客比驾驶者更靠前，为后排座位腾出了空间，从而在极其紧凑的驾驶舱里完美地塞进了 4 个人。菲亚特 Multipla 和本田 FR-V 都采用了"3+3"的座椅布局方式，另一些车型则选择通过三排布置方式来容纳"2+3+2"的座椅布局。许多掀背车都配有可滑动的后座，这样家庭用户就可以在后座空间与行李空间之间找到他们喜欢的平衡点。所有汽车座椅的折叠、后倾和滑动方式都必须经过精心设计，否则就会像很多小型厢式货车的第三排入口那样，总是狭窄到捉襟见肘的程度。

在确定座位的基本安装位置时，设计师需要以人体测量学数据为参照，通常要让座椅满足从身高 150 厘米、体重 40 千克的女性，到体重超过 120 千克、身高超过 188 厘米的男性的使用要求。还要保证所有身材尺寸的乘客都拥有充足的视野，并能方便地触及主要操控装置，同时能得到合适的安全带和安全气囊保护。此外，针对儿童座椅上的小乘客们，也要在设计时充分考虑。

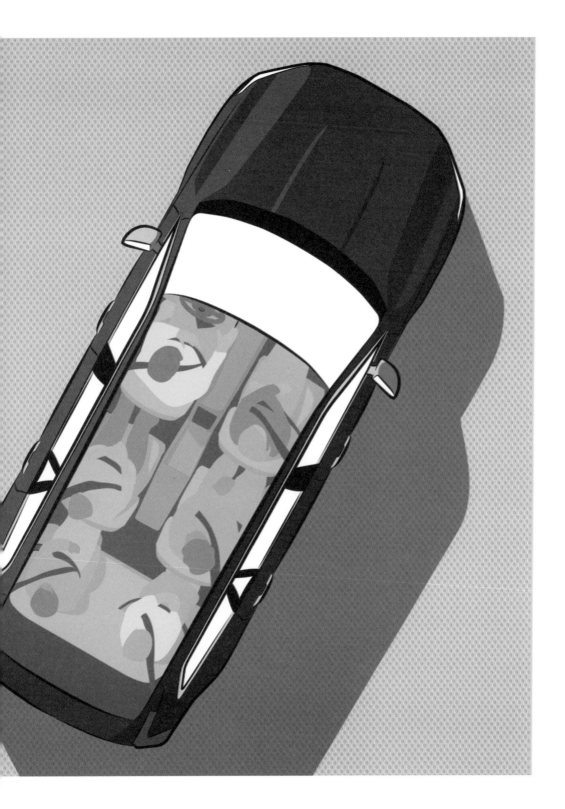

工程、内饰与空间
仪表与显示

技术变化最大之处通常是那些用户直接可见之处。正如在其他产品领域中电子显示方式占据主导地位一样，电子显示屏和触摸屏正在稳步取代汽车上的传统机械、电子式仪表和控制装置。

电子显示屏有许多优点，相对更紧凑、可靠且通用，安装也更简单，还可以根据驾驶者的想法或汽车所处的模式转换显示内容。几乎没有驾驶者在城市通勤中会用到转速表，因此显示屏完全可以用于显示地图和导航信息。同样的道理，对高端跑车而言，将仪表转换至"赛道"模式可以将发动机和底盘参数更好地显示出来，而这些参数对追求极速的驾驶者来说显然更重要。

数字仪表能发展到今天的水平，是由很多微小的进步积累而成的。20 世纪 80 年代早期的电子仪表有花里胡哨的图形，但准确性令人生疑。雷克萨斯在 1989 年生产的固态显示器，是第一种真正为高端客户所接受的车载显示器。雷克萨斯明智地决定在大多数显示功能上使用模拟指针，这对高级车型来说是惯常做法，即使那些指针和刻度都是模拟的。图形的显示质量也是关键因素之一，捷豹是首批提供看起来真实可靠的数字仪表的厂商。数字仪表因清晰度高且结构紧凑而在城市汽车和家庭汽车中大行其道。抬头显示器（Head-up display）能将信息投射到前风窗玻璃上，现在这种装置已经在不同车型中逐渐普及。

未来，如何处理越来越多的面向驾驶者的信息，将是汽车设计师的主要任务，尤其要避免电话、短信和导航等信息对驾驶行为的干扰。两种大相径庭的解决方案已经开始应用：特斯拉用巨大的中置纵向触摸屏控制汽车的一切，而奥迪则开发了可自定义的电子仪表——本质上是一个以动态地图为背景的标准仪表，但驾驶者可以自由放大、缩小内容，或从大量显示选项中随心选择所需内容。

特立独行的显示方式

雪铁龙一直喜欢不走寻常路。1970 年代的 GS 和 CX 两款车型采用发光透镜与旋转鼓的组合来显示速度和转速，但清晰度和易读性都不太理想。

迈凯伦的可翻折式仪表

在 2017 年推出的 720 超级跑车上，迈凯伦重新考虑了信息显示方式，设计了一种新颖的可翻折式仪表。在寻常道路使用时，全尺寸显示屏可提供标准的车辆信息，而在赛道模式下，显示屏会向下翻折，露出一个条状小显示屏，用于显示发动机转速，给驾驶者一种置身于赛车中的感受。

信息过载

无缝集成智能手机操作已经成为汽车必不可少的卖点。现在大多数汽车都配备了中央显示屏，熟悉的 iPhone 风格图标已经帮助汽车设计师解决了如何设计出简单而安全的音乐、通信和导航操作方式的问题。

工程、内饰与空间
驾驶控制

在汽车设计中，触摸和触觉往往会被忽视，但考虑到驾驶乐趣很大程度上是通过座椅和方向盘获得的，这些部件的品质值得仔细考虑。

触觉体验是从小小的车钥匙开始的。钥匙的手感是轻盈的，还是沉甸甸的？给人的第一印象是好是坏？紧随其后的是车门外把手，如果让人感觉牢固可靠，那客户就会再次收到高品质的信号。此外，车门开合时的重量感和声音，也是汽车的完整性和品质感的重要信息传递者。

老实说，上述品质感与实际驾驶活动无关。对大多数驾驶爱好者而言，更重要的是底盘、发动机和操控装置的实际动态体验感，尤其是方向盘、变速杆、加速／制动踏板，甚至包括一些小按钮和开关带给人的感受。方向盘仅仅处在正确的高度和位置是不够的，它还必须具有合适的直径；轮辋必须足够粗壮和结实，具有良好的表面纹理，以提供可靠的转向和机动性。对于像保时捷这样对汽车有着深刻理解的制造商，所有品质感的呈现都是理所当然的。

就换档而言，无论手动还是自动，都是非常敏感的领域。手动变速器的变速杆需要较短的换档行程和精确的动作，让人有机械操纵上的舒适感，不能太轻或行程太长；自动变速器的变速杆需要给用户提供简单清晰的操作方式，让用户不必转移视线就能直接操作，而且变速杆本身需要精良的设计，不能看上去显得廉价或令人感觉摇摇欲坠。即使是这些控制动作所发出的声音也有助于品质感的提升：没有什么比美式脚踏驻车制动器在使用时发出的"嘎嘎"声更糟糕了。

开关也是整车触觉元素的重要一环，这一点不难发现：只需留意车展上或汽车经销商那里的参观者们是如何对每一个按钮和旋钮搓搓弄弄的就可以了。控制杆也在整车品质印象中发挥着重要作用，任何脆弱的、充满塑料感的部件都会立即得到消费者的负面评价，这一原则如今既适用于高档车型，也适用于廉价车型。

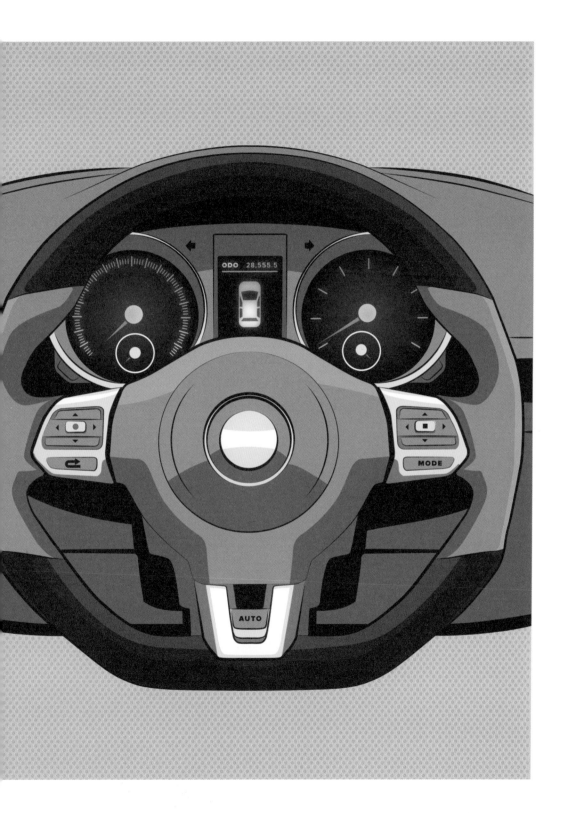

奥迪设计

就设计而言，大众集团旗下的高端品牌奥迪，是汽车行业中最具智慧且备受推崇的品牌之一。从 20 世纪 60 年代的小型 DKW 汽车蹒跚起步，奥迪在 1968 年通过第一代 100 型轿车（C1）站稳了脚，并在 1970 年代因优雅的意大利风格 100 轿跑车（100 Coupé）而备受赞誉。但奥迪最终获得普遍认可的产品是他们在 1981 年推出的具备超高空气动力学性能的第三代 100 车型（C3），尽管以今天的眼光来看，这款车的流线形造型显得有些过于夸张和放纵。

奥迪后续车型的设计更为保守，也标志着精良而克制的造型设计语言的开始，他们因此闻名于世。第三代奥迪 80 车型（B3）的尺寸较小，外形整洁紧凑，流畅光顺的内部蒙皮与前门内拉手无缝连接，为内饰设计确立了全新标准。适度、完整、简约的风格使它在中端市场鹤立鸡群，连红色背光的仪表板都散发着时尚气息。

十年后的 TT 跑车（TT sports car）则见证了奥迪在内饰设计上的历史性突破。仪表台上的出风口周围环绕着铣削而出的金属部件，传递出一种令人安心的技术感。而由光洁金属制作的连接仪表台与安置有变速杆的中控台的支柱，同样传递着浓郁的科技感，驻车制动操纵杆也如是。这款车的内饰给人的总体印象是创新感与运动感的和谐统一，鉴于 TT 是以运动性能较差的大众高尔夫的底盘和机械部件为基础研发而来，这点就非常难能可贵了。

提起宝马在 2001 年推出的代号 E65 的 7 系轿车，其臃肿造型所带来的震撼，与它所搭载的能操控一切的 iDrive 智能驾控系统相比简直微不足道：很少有人能将这个"令人生畏"的系统搞明白，宝马随后不得不对其进行简化。奥迪吸取了 iDrive 系统的教训，在次年推出的 A8 车型上应用了 MMI（Multi-Media Interface）系统，事实证明和前者相比它更加易用、直观且高效。

奥迪的产品架构和无可挑剔的品质已经保持了十几年的时间，当他们的"虚拟驾驶舱"（Virtual Cockpit）系统，也称为自定义仪表系统于 2015 年首次出现在第三代 TT 车型上时，一场重大进步悄然而至。正如前文所述，液晶显示器可以显示包括高分辨率导航地图、MMI 功能界面、经典圆形仪表以及各种信息组合，它可以取代传统机械 / 电子仪表。对于像 TT 这样的紧凑型跑车，"虚拟驾驶舱"系统的魅力在于能使设计师摆脱笨重的中控屏幕，同时腾出仪表台上的宝贵空间。

如今，随着第五代 A4（B9）和 2018 款 A8（D5）的问世，奥迪进一步完善了其内饰简约优雅的形象。奥迪的内饰既不花哨也不浮华，它是和谐设计的代表，在许多人心中，也是当仁不让的最佳设计。

工程、内饰与空间
色彩与纹理

哑光的崛起

在闪亮的金属色、珠光色和高亮色的海洋中迷失了方向吗？全新的哑光或半哑光涂装也许为你提供了全新的解决方案。宝马的冰冻金属（Frozen Metallic）和梅赛德斯的马格诺（Magno）系列车漆为车身表面带来了新亮点，尤其适用于灰色或柔和银色的运动车型。

塑料的进步

除了能装配豪华木质部件的高档车型外，对于内饰劣质塑料部件的抱怨曾经是几乎所有车型的顽疾。得益于大众公司在20世纪90年代首创的巧妙的搪塑技术，内饰塑料部件的质量已经得到了显著改善，由柔和的质地和多变的造型所带来的豪华感如今唾手可得。

材料的挑战

用于内饰的材料都要经过严苛测试，只有少数能达到使用标准。

一旦裸露的金属车身喷涂、组装并装配完毕，曾经的设计草图就变成了可触摸、嗅到和体验的物理实体。这一转变，主要归功于汽车行业约定俗成的由色彩和装饰所增加的"软价值"。这些品质对大多数买家来说是至关重要的，主流的汽车制造商们在专门的设计部门雇佣了数千人，致力于为产品内外以及品牌自身创造所需的氛围。

色彩不仅仅指涂料，伴随时尚潮流的变化，色彩也在有规律地变化。当下最受欢迎的有银色、灰色和黑色，还有一些用于小型复古风格汽车（例如菲亚特500）的柔和色调。涂料技术也在不断进步，除了标准的纯色、金属色和珠光色外，还出现了引人注目的哑光色。外饰方面，镀铬装饰全面回归，而碳纤维作为新材料，则使车身上的空气动力学套件具有了更多科技感。

近十年来最大的变化是个性化定制的兴起。特别是对小型车的买家来说，他们几乎能定制任何东西：从对比色车顶到赛车纹饰，再到各色便捷定制的内饰风格以及座椅面料上的纹样。对价格较高的车型来说，变化则来得慢一些，豪华和精致的传统装饰仍然存在——仪表台和门槛上的抛光实木板、整体或局部包裹真皮的座椅，而金属的或仿碳纤维的装饰件，则会使内部氛围由绅士俱乐部的优雅格调转向科技而动感的风格。

总的来说，随着宝马i3等前卫的、乐于"尝鲜"的车型设计的出现，那些相对廉价且年轻化的车型，在引领着反内饰设计同质化的潮流。宝马可选装的淡色实木饰板形成了相对真实的建筑感，令人仿佛置身于一间时尚的城市阁楼住宅（Loft）。也有生产商们在尝试具有异国情调的装饰材料，比如丝绸和运动型面料。

工程、内饰与空间
细节决定命运

前文中提到了看似微小的细节的重要性，例如钥匙对于构建车型整体感受的关键作用。除了提供对汽车的第一触觉印象外，钥匙是长期留在车主身边的东西——就像放在吧台或餐桌上的手机或手提包，正因如此，它是汽车质量和风格的代表，因此明智的设计师会确保钥匙是能令车主引以为豪且令人着迷的对象。新一代钥匙可以远程检查汽车状态，甚至可以控制汽车倒入停车位，这些功能所产生的吸引力，为品牌赋予了全新的魅力。

当然，客观来看，这些细节都远不如汽车的乘坐舒适性、燃油经济性或碰撞安全性重要。除非客户对细节的关注胜过了其他因素——这意味着汽车制造商们将更积极地寻找那些新奇的玩意儿，从而让买家欲罢不能。福特的市场营销部门甚至为此创造了一个老套的短语"惊喜且愉悦"（surprise and delight），用来形容那些能让人不由自主地表达赞许的功能。20世纪90年代，新款大众高尔夫亮相时引起了业界轰动。它的车顶拉手在松开时不会吱嘎作响，而会在阻尼作用下缓慢而平稳地静静回到原位。竞争对手们对大众是如何设计出如此复杂且昂贵的解决方案感到困惑，对大众来说，这项设计所发挥的作用巩固了高尔夫接近高级车的形象。

早些时候，大众通过使用与奔驰 S 级轿车有着相同精美外观的遥控钥匙，取得了一次微小但具有象征意义的胜利；更早之前，雷诺率先在市场上推出了"Plip"遥控钥匙，这是一个在公司停车场里肯定会超级拉风的小玩意儿；而罗孚（Rover）的小型车上具有渐暗效果的迎宾灯也给人们留下了深刻印象，以往这种配置只会出现在捷豹品牌的大型豪华车上。

如何在短暂的噱头、有效的品牌识别和有价值的、能提高品牌忠诚度的创新之间划清界线是一个棘手问题。大众曾广受欢迎的蓝色仪表背光灯已经不复存在了，同样的问题是：如果福特野马不再使用标志性的三纵线式尾灯，它还是真正的野马吗？

词汇表 工程、总布置设计与空间

架构（Architecture）： 作为一个通用术语，设计的布局方式与各种主要部件的定位有关。一组预定义的车辆部件（模块），包括底盘结构、悬架、制动器和电气部件，可以标准化并大量制造，以最大限度地降低单位生产成本。

碳纤维（Carbon Fiber）： 主要用于赛车的轻质且坚固的结构材料。小块的类碳纤维材料正成为汽车内外的标准装饰元素。

碰撞区或碰撞空间（Crumple Zones or Crush Space）： 位于车身前部和后部的专门设计用于在碰撞中溃缩，帮助吸收碰撞能量以保护乘客的空间。

差速器（Differential）： 安装在车轴内的齿轮装置，能使左轮和右轮在转弯时以不同转速转动。

线控驾驶（Drive-by-Wire）： 一种使用电子指令而不是直接的机械或液压连接机构来操控车辆（例如转向和制动）的方法。

e-Wheel： 一种内置轮毂电机的车轮，有时还包括转向、制动和悬架组件。

电驱动桥（Electric Axle）： 一种车桥总成，通常用作后桥，包含电机、齿轮装置和差速器。使前驱车无需重大结构修改即可采用全轮驱动形式和混合动力系统。

发动机定位（Engine Positioning）： 发动机在底盘上的方向和位置。目前使用最多的形式是前横置＋前驱，发动机只驱动前轮。在 1960 年代之前，更为流行的是前纵置＋后驱，发动机只驱动后轮。发动机也可以安置在后排乘客座之后（中置）或后轴之后，如保时捷 911（后置后驱）。

发动机类型（Engine Types）： 发动机的气缸排布方式可以是直列式、水平对置或 V 型，大多数情况是 2～8 个气缸，也可以是 10、12 或 16 个气缸。

车顶拉手（Grab Handles）： 驾驶舱内靠近车门顶部的拉手，供驾乘者抓握，以在转弯或颠簸时保持身体稳定。

硬点（Hard Points）： 发动机 / 底盘总成中的固定点，围绕这些固定点构建上部结构和车身设计。

供热组件（Heating Pack）： 或称 Henting, Ventilation and Air Conditioning，HVAC，即供热通风与空气调节，一组部件，通常位于仪表台内。

H 点或臀点（H-Point or Hip Point）： 驾驶者坐在车内时臀部的离地高度。

氢燃料电池 (Hydrogen Fuel Cell)： 一种供能系统，将氢燃料与大气中的氧气混合以产生电流，为驱动电机提供电能。燃料电池没有活动部件，它唯一的排放物是水。

总布置 (Packaging)： 在给定的汽车外壳内布置人员、行李和机械部件的艺术和方法。精心的总布置设计能使发动机保持紧凑，并按比例分配更多空间用于容纳人员和行李。

驻车制动器（Parking Brake）：在欧洲也称手制动（hand brake），一般通过前排座椅之间的拉杆操纵。北美车型通常配备脚踏式驻车制动器，近年的趋势是电子驻车制动器。

行人碰撞（Pedestrian Impact）：设计师必须科学设计汽车前部造型，以在与行人的碰撞中将对行人的伤害降至最低限度。

自定义仪表（Reconfigurable Dashboard）：电子/液晶显示屏式仪表，可在不同模式之间切换以显示不同类型的信息，例如发动机参数、底盘设置或导航提示。

搪塑工艺（"Slush" Molding）：一种广泛用于大型内饰部件的成型技术，例如一体式仪表台模块，可实现高品质的表面光洁度，由柔软的泡沫支撑，密度可以在整个组件上渐变。

固态显示器（Solid-state Display）：使用电子装置而不是实体指针和刻度显示信息的仪表单元。

"自杀式"车门（"Suicide" Door）：传媒术语，指后部与车身铰接的马车式车门，主要见于劳斯莱斯车型和某些小型货车。

行李舱门/盖（Tailgate）：通往掀背车、旅行车和货车上的载货区的门/盖。通常是顶部与车身铰接的一体式结构，也可以是上下对开的分体式结构（如路虎揽胜）。MINI Clubman 采用了左右对开式分体结构。一些 SUV 采用了侧铰接结构，带有备胎。

变速驱动桥（Transaxle）：将变速器，有时也将离合器置于后桥中。

传动通道（Transmission Tunnel）：底盘上内凹的通道，用于安置传动轴。

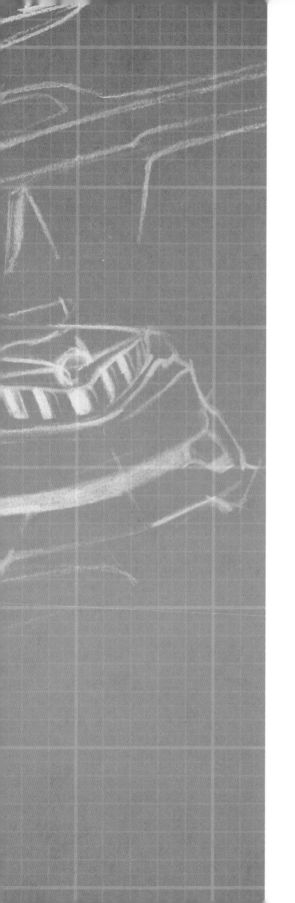

第6章
创作之道

综述　设计、风格与创意

创作之道

千万不要错误地将设计师（Designer）称为造型师（Stylist）。对许多人来说，"造型师"一词淡化了视觉性艺术创造的价值。"造型师"带有旧时代的专制意味，彼时工程师们"主宰"着一切，他们只会不情愿地将已经完成的工程作品交给造型部门进行些许最后的润色。

另一方面，现代设计师所负责的工作已不仅仅是表面装饰。设计师们不再简单地只是决定产品的外观，他们也会提出关于产品使用方式的新想法。设计师从项目伊始就参与进来，他们的工作包括了产品规划、设计概要等，涵盖了我们熟知的从创意设计到产品营销和发布的全流程。

汽车设计艺术始于20世纪初，当时，富有的客户们会向老练的工匠描述他们希望为自己购买的汽车底盘匹配上什么样的车身与装饰。而这些在纸面上勾画出的想法将在车身制造商们的车间里变为现实，金属板、皮革和精美绝伦的木材汇集在一起，最终组成手工定制的汽车。然而，随着流水线生产方式和大型金属冲压机的出现，设计过程必须转化为精确的工程图纸，只有这样，标准化的机械部件才能在生产线上精准地装配在一起。

多年来，设计师将想法转化为三维现实的范畴逐渐扩展，直到包含内饰在内的汽车所有部分都经过深思熟虑并设计为一个连贯的整体。当基于计算机的数字设计向传统的纸上绘图技术发起挑战时，巨大的变革随之而来。最初，数字设备只用来对油泥模型进行精确测量，以保证生产过程中的精度。后来，数字创作为进行常规的草图绘制和1∶4比例油泥模型制作提供了全新的并行路径。汽车设计流程中有一个非常重要的步骤，就是在项目早期阶段对设计进行数字化转换，使模型或构件能在屏幕上以三维图像形式让评审者多角度观察。当下，虚拟现实（Virtual Reality，VR）技术的发展速度远超预期，它能将设计方案置于虚拟展示环境中让人进行动态观察，甚至可以让人以实际比例从内到外检视与感受方案状况。

这种观察系统的真实感令人叹为观止，理论上讲，汽车可以完全在虚拟环境中完成设计、制造及修改，而无需采用传统的绘制纸面草图、制作油泥模型或实体物理原型等手段。但即使是数字设计方法最坚定的支持者，也会对全流程数字化设计提出警告，因为没有什么可以像对实际尺寸物理模型进行评审那样得到对设计的准确评价，也就是在各个角度、各种光线下，通过观察与触摸全尺寸模型来进行评估。正如汽车设计师们一再坚持的那样，数字建模无法解决最棘手的细节问题，因此来自设计师双手的创造力仍掌握着汽车设计的最终决定权。

创作之道
源起、理念与灵感

不走寻常路

多年来，丰田因谨慎的设计理念而备受批评，但 C-HR 运动跨界车帮助他们扭转了局面。新锐、繁复且前卫，它是对批评者们的明确反击。

来自摩托车的设计影响

任何对汽车和摩托车之间的设计联系有疑问的人，都应该看看摩根 Three Wheeler，它配装一台外露的 V 型双缸发动机；而 KTM X-Bow 则有着暴露的结构框架；还有日产 Juke，它的中控台形状对标了摩托车的燃油箱。

消费者行为观察行动

众所周知，欧洲汽车制造商的设计团队成员会在超市和大型商场停车场开展消费者行为观察行动，包括仔细观看消费者如何装载他们的汽车，观察他们将购买的商品放置在何处，以及他们对车上各种功能的使用情况。

就汽车产品的新理念而言，它们的确切来源往往是个谜。众多的产品可能因需求而生，或是为了替代老化的产品而生，抑或是为了反制竞争对手的新动向而生。新设计理念有可能受到法规变化的影响，例如法规要求汽车前部造型需要考虑减少对行人的伤害，这会影响外饰设计。同时，技术进步也会对设计理念造成影响，正如当下的电动化浪潮正在深刻改变汽车的内外饰设计。

同样，社会发展的不同场景，例如城市化生活的兴起和对智能手机持续互联的需求，也可以激发出新的汽车设计思潮，日产 Juke 便印证了这一点。而对人口结构变化的预测则可以帮助设计师探寻新的细分市场，从而获得先发优势，就像 20 世纪 90 年代雷诺推出的风景家用迷你厢式货车、宝马 MINI 和菲亚特 500 那样，满足了富裕消费者们对高端小型车的需求。

更为罕见的是真正的蓝海思维，在蓝海中去发现全新产品的机会。关于蓝海思维的绝佳案例莫过于福特在 1964 年推出的野马，有史以来第一款只为满足个性化需求而非纯粹追求实用功能的汽车设计产品。1997 年的丰田 RAV4 则是另一个轰动一时的例子，它使 SUV 的驾驶变得既简便又有趣。但汽车设计中也不乏敢于特立独行却"出师未捷身先死"的案例，奔驰 2001 年推出的双座 Smart 和 2012 年的雷诺 Twizy 当属此列。

然而，绝大多数设计项目都是作为综合汽车产品规划的一部分开展的，这意味着设计对象的主要参数早已提前制定。在这种情况下，汽车设计师需要丰富的想象力：他们可能会采用酝酿已久的想法，在市场调研中找寻有用的、蛛丝马迹般的线索。当然，在设计中考量品牌价值也是不可或缺的环节。

一直以来，汽车设计师们坚持广开耳目去捕捉一切潮流趋势，从时装发布会到家具设计展，再到产品设计博览会，都可以看到汽车设计师的身影。正是持续不断地对所有文化触发因素保持超常的敏感度，优秀的汽车设计师才总能保持前瞻的视野。

创作之道
汽车设计的步骤

很少有汽车设计项目是真正发起于汽车设计中心的，几乎所有设计都始于产品规划工作，产品的市场需求、工程要素、目标尺寸和定价将在产品规划过程中确定下来，形成初始框架，这些信息随后会发送到汽车设计中心。

第1步 概念生成：设计师将提交反映所设定主题和目标的设计构想。不同草图中的设计想法通常会组合起来，最终只保留屈指可数的主题方案。

第2步 方案入围：保留下来的方案将以电子化方式推进，搭建数字模型，以进行全方位的评审，并与关键管理层人员分享。在此阶段，一些设计方案可能会取消，同时可能添加一些替代方案。

第3步 最终入围与模型搭建：排名前列的设计方案将进行更详细的3D数字模型搭建，甚至制作成1：4比例的油泥模型，以在多种照明条件和环境背景条件下展示。

第4步 内饰：通常情况下，只要汽车的关键"硬点"能确定，内饰的设计流程就将与外饰同时展开。电气专家们会开始探索仪表和显示系统的架构，而色彩和面料设计师们则会以专业知识探索纹理与色彩的应用范畴。专门针对内饰的设计主题一般相对较少。

第5步 全尺寸模型搭建：随着内外饰设计主题的最终确定，3D数字模型将被加工为全尺寸油泥模型，以供高级管理层进行初步审批，模型通常会经过设计师的进一步修改。随后，将对油泥模型进行精确的3D再扫描，以创建更细致的电子数据，供工程设计和随后的制造流程使用。

第6步 最终批准：各车厂在这一步骤的程序不尽相同，大多数情况下，一旦管理层批准了最终设计方案，且工程部已通过验证确定无需进行"硬点"更改，则方案造型设计将会冻结，并加快推进到原型车测试阶段。至此，车型距离真正的商业发布还要再等待2~3年时间。

3D 打印和虚拟现实

这两种新技术都可以丰富汽车的开发设计过程。可以在汽车设计中心里用3D打印设备打印小尺寸原型部件，而VR则是一种重要的展示手段，对内饰设计具有重要作用。

概念车

概念车可以帮助设计师快速完成从最初理念到展示产品的转换。设计过程中没有繁琐的法规束缚，动力系统的布置可以忽略不计，甚至轮胎和车身的间隙也可以不考虑。

市场竞速

20世纪90年代末，在日本汽车制造商以3-4年为周期更新其市场车型后，上市时间开始成为重要的竞争因素。上市速度最快的或许是日本市场上的某些马自达车型，他们声称从设计冻结到发布仅需18-24个月。

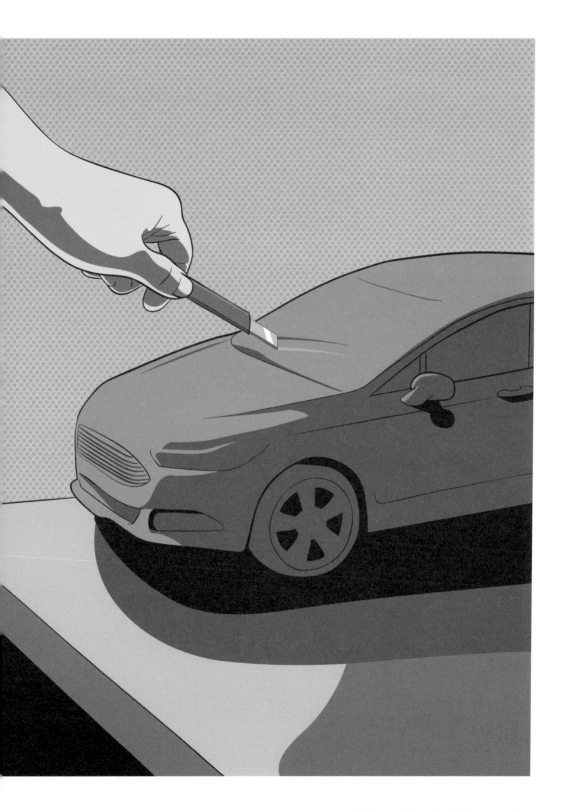

创作之道
技术与工具

虚拟内饰

虚拟现实软件在内饰设计中特别有用。一旦仪表台、门板和开关设备的主要部分确定下来，就可以用虚拟现实软件来验证和确定所有设计的可行性。

数字设计工具

就汽车设计而言，最重要的设计软件是来自Autodesk的Alias软件套装，它涵盖了从概念开发到最终的A级表面处理的所有功能。此外，Showcase软件会用来进行三维演示和渲染工作，而SketchBook Pro则是一款简便易用的绘图工具。

宝马的混合现实

宝马声称能在构建原型之前评估更多设计选项并推进设计，他们将3D打印的原型组件与使用源自计算机游戏技术的虚幻引擎（Unreal Engine）开发的虚拟现实环境相结合。

数字技术震撼了音乐界，如今在卧室里用笔记本电脑也可以创作出全球热门歌曲。如此看来，拥有合适软件的人也完全有可能在笔记本电脑上制作出外观专业的汽车设计方案。但事实并非如此，没有谁比雷诺集团前外观设计副总裁罗伟基（Antony Lo）（他目前在美国福特任全球设计副总裁）更有资格来解释这一点了。

"有一个传说，来自汽车产业内外的设计师们都只用计算机进行设计工作，"罗伟基说，"这不是真的，因为大多数设计师都以在纸上绘制草图来开启工作。一台装有 Photoshop 或 Illustrator 的计算机显然很适合用来给草图着色，但要催生和记录设计理念，最好使用舒适方便的工具，因为你有时会在咖啡馆、会议室或办公室里画草图。草图是激发大多数设计想法的原点。当你想在汇报中展示方案，例如在一幅 5 米 ×4 米的大屏幕上展示时，草图必须更具吸引力，设计师要为它添加高光和反射，这时使用数字工具就可以节省大量时间。"

"汽车设计中心常用的工具还有 Autodesk 的 Alias 软件，它用于三维设计。设计师基本都知道如何操作数字模型，（在建模软件界面中）布置数字线、搭建模型框架，等等，以便让专业的数字建模师来完成建模工作。建模并不是汽车设计师的工作内容，对非专业人士而言，建模工作是耗费时间与精力的巨大挑战。"

"数字模型将用于铣削制作首个油泥模型，然后设计师将耗费几个月时间用双手在油泥模型上进行大量修改，因为数字工具归根结底仍有力不能及之处，有时，在屏幕上看起来不错的设计，在现实环境中却无法令人满意。因此我们每两周对油泥模型进行一次 3D 扫描，以重建数据。设计部门必须不断与工程部门共享数据，以便后者对模型上的设计更新进行评估，并向设计部门反馈车门是否可以打开或冷却效果是否理想一类的问题。"

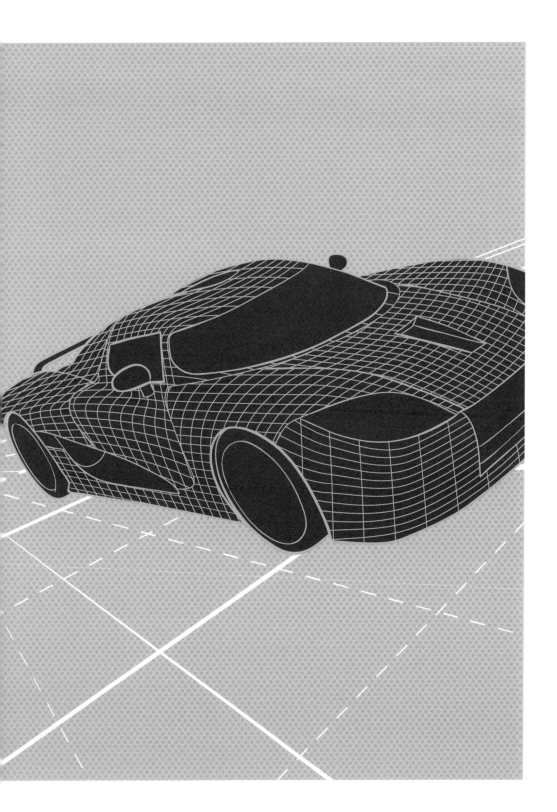

创作之道
时尚、风潮和企业风格

独特的奥迪格栅

首次出现在 2003 年的奥迪纵深式进气格栅，为汽车的前脸设计引入了清晰的垂直图形，并被广泛效仿，但没有确切名称。雷克萨斯采用了类似的"纺锤形"格栅。

重塑沃尔沃

20 世纪 90 年代初，在设计总监彼得·霍布里（Peter Horbury）试图改变消费者的看法之前，沃尔沃的产品一直方正、呆板且缺乏时尚气息。25 年后，他们的设计语言变得柔和，车身上出现了曲线和亮点。沃尔沃如今已经成为在设计上时尚可靠、近乎高端的全球性汽车制造商。

雷诺的生命周期（LifeCycle）设计理念

爱、探索、家庭、工作、娱乐，最后是智慧：这是雷诺汽车定义人生的六个阶段，自 2010 年以来，雷诺一直使用 6 个花瓣来象征这些元素，并组合成生命周期设计理念，这为他们的概念车和量产车设计吸引了大量关注。

艺术与科学、纯净感官以及动感优雅，这只是近年来涌现的数十种汽车企业设计理念中的少数样本。这些由公关部门创造的标签看起来也许毫无意义，但确实向设计师们发出了明确的号召——通常是在新晋设计中心负责人的领导下——向消费者展示车厂对设计的重视程度。

为汽车设计新理念命名的趋势在千禧年后愈演愈烈，当时凯迪拉克宣称其产品将遵循新的"艺术与科学"设计理念（Art and Science）——苍劲、方正且新锐；雷克萨斯和丰田则在 2003 年分别以 L-Finesse [①] 和 Vibrant Clarity [②] 来摆脱平淡形象。此后的一个时期，雷克萨斯的车型设计变得愈加繁杂和激进，而丰田的少数车型，尤其是 C-HR 跨界车的设计，则刻意表现出富于冲击力的价值观。下面介绍一些耐人寻味的汽车设计风格和理念：

福特在 1998 年推出的 Ka 和第一代福克斯车型上首次采用了所谓的"新边锋"（New Edge）造型设计理念；马丁·史密斯（Martin Smith）（时任福特设计总监）于 2010 年在第三代福克斯的设计上应用了定义模糊的"动感"（Kinetic）理念，车身形面大量使用被锋锐的点切割过的俯冲式曲线；马自达是业内最善于不断创造设计理念的公司之一，其设计理念中最具特色的当属 2000 年代中期在劳伦斯·范·登·阿克（Laurens van den Acker，现雷诺设计总监）领导下诞生的"流动"（Nagare），以及后来的"魂动"（Kodo）。

宝马的"火焰表面"（Flame Surfacing）是 2001 年在克里斯·班戈（Chris Bangle，时任宝马设计总监）领导下提出的独具影响力的设计理念。通过在通常没有造型特征的车身面板上添加折痕和复合曲线组成的复杂组合，增强了车身形面的反光、高光和吸引力。这一设计理念虽然在初期遭到批评，但很快就被其他汽车制造商模仿，其中以梅赛德斯-奔驰为甚，不过他们后来又提出了自己的"纯净感官"（Sensual Purity）设计理念，以摆脱设计中对复杂车身形面的依赖，强调形面而非线条的作用。

通常，那些看上去不愿意就自己的新设计理念夸夸其谈的车厂都攫取了更大成就，这主要指在品牌风格的深刻变化和强化早已稳固的品牌形象两方面。

---

① 译者注："L"代表"Leading-edge"，即领导潮流，"Finesse"象征着人类的灵感和艺术特质。L-Finesse 包含纯（简约）、妙（引人入胜）、预（精准预见）三项核心元素。

② 译者注：丰田提出的新世纪设计主题，即活力清爽。

雷诺前外观设计副总裁罗伟基

罗伟基出生于中国香港，2010 年加入雷诺汽车，此前他曾服务于路特斯、奥迪、梅赛德斯 - 奔驰等汽车制造商，还在通用汽车欧洲前瞻设计中心度过了十年时光。以下是他关于雷诺汽车如何开展设计工作的访谈，雷诺自 2012 年以来更新了全部产品线。

问：在雷诺的产品创作过程中有哪些主要步骤？

罗伟基（以下简称罗）：在项目中称为"启动"的时刻，产品规划部门会提供简短说明，内容包括要做什么样的汽车，是对老产品的更新还是开发全新产品，产品针对哪些客户群体，产品的基本尺寸等。从设计的角度看，设计部门在这个阶段通常已经有了对产品外观的基本想法，或者称为设计愿景。

问：通常会提前多久开始对这种设计愿景进行准备？

罗：前瞻设计阶段大约会在项目启动的前一年展开。设计师将重点规划管理汽车产品的造型比例，确定产品的基本特征。通常会测试各种类型的概念与想法，直到项目启动之时，从众多的想法中确定一个设计方向。到了这个阶段，设计师的思路已经非常清晰，大多会通过制作油泥或者白色泡沫模型来展示讨论中的汽车是什么样子。

问：设计项目启动后会发生什么？

罗：会让所有设计师都参与到项目中来。全球团队中的每一位设计师，包括雷诺在巴西、印度、罗马尼亚、中国和韩国的卫星设计工作室，都有机会参与项目。这意味着雷诺将在所有重要项目和概念车项目上进行全球化的设计竞赛，藉此得到很多设计理念，并从中选出最好的 5 个。接下来会对这 5 个方案进行数字化转换并制作小比例模型。然后进一步从 5 个方案中评选出 3 个，制作成全尺寸模型，并通过评审确定最终方案。上述内容都在设计项目启动后的一年内完成。在项目的最后阶段，开始制作全尺寸模型时，设计部门与工程部门将进行十分密切的合作。

问：概念车也是这样设计出来的吗？

罗：是的，但整个流程要精简得多，因为我们不需要被任何可行性方面的问题困扰。概念车或多或少只是设计理念的表达。通常会直接进行草图挑选，也许会挑出 3 个方案，直接制作比例模型，而且会更早确定最终方案。概念车设计项目从开始到结束大约耗时 14 个月。

问：内饰设计工作什么时候开始？

罗：同样在设计项目启动的一刻，但内饰设计工作需要更多时间，因此设计师会尽早融入设计主题。在外饰设计方面仍然有两个主题的阶段，内饰设计就会确定唯一的主题。内饰设计包含了较多的技术内容与模块，其中一个相对新颖的内容是 UX 设计，即用户体验设计，其本质是用户界面，实际上涵盖了包括车内显示器数量，以及用户上车时的欢迎信息在内的广泛内容。

词汇表 设计工作室

前瞻设计（Advanced Design）：汽车设计中心里的分部或一组设计师，他们致力于远期创意设计工作，也可能设计概念车并承担用于生产程序的早期工作。

Autodesk：创意产业中使用的各种设计和演示软件的供应商。

Buck：包含座椅、方向盘和仪表台结构的内饰原型，用于尝试仪表台布局以提高可达性、可视性和美观度。

CAD：计算机辅助设计。

蜡基黏土（Wax-based Clay）：也称油泥。它不会变干，用于制作1：4和全尺寸模型，可以修整、塑形、增补和抹平，以构成车体表面特征，最终的油泥模型可以被"装扮"并涂装。

色彩与修饰部（Color and Trim）：处理饰面、纹理、材料、座椅和软装配件的设计部门。

连接性（Connectivity）：汽车行业术语，用于集成智能手机功能，例如移动互联网、导航、音乐、视频和消息传送。

设计语言（Design Language）：一般而言，指汽车设计中采用的表面处理风格和特征。具体来说，每个制造商的设计风格或设计方法，都会有专属名称并用于宣传。

数字设计（Digital Design）：对使用计算机而不是纸张或物理媒介的设计的概括性描述。

小型化（Downsizing）：21世纪初的趋势，随着交通拥堵程度的增加，消费者倾向于使用更小排量的发动机和更小尺寸的汽车。

Job One：第一个下线用于商业销售的生产模型。

启动（Kick-off）：雷诺内部用于正式批准和启动汽车开发项目的术语。

铣削机（Milling）：计算机控制的机械加工设备，可以对油泥模型，包括全尺寸油泥模型，按照储存在数字模型中的高精度测量数据进行三维加工。

车型周期（Model Cycle）：一个车型由上市到退市，在市场上销售的时间。大多数汽车制造商以5~7年为一个周期，而中期改款可以延长车型的销售寿命。

Photoshop、Illustrator：半专业的工具软件，用于数字设计过程的各个方面。

产品规划（Product Planning）：汽车制造商对汽车发布、更迭和其他产品行动的长期战略，通常提前10~12年或两代车型。

1：4比例模型（Quarter-scale Model）：通常由油泥制成，用于在设计过程的早期阶段完善备选方案。

渲染（Rendering）：在二维草图或3D模型表面添加颜色、纹理、反光和高光。

扫描机（Scanning）：对部件或模型进行三维扫描的设备，用于设计建立一个非常精确的数字模型。在设计过程中经常使用，在每次迭代时能保存设计数据。

造型冻结（Styling Freeze）：冻结汽车外观设计的所有变化，以便工程工作能不受阻碍地推进。一般来说，在车型上市前 2~3 年对其造型进行冻结。

3D 设计（3D Design）：基于计算机的设计，产品的数字模型可以在三维空间中旋转，并在具有不同光源、颜色和特殊效果的屏幕上查看。

3D 打印（3D Printing）：通过添加许多微小的材料层，使用金属或其他材料构建组件和零件的增材制造方法。目前对于制作小型原型零件是可行的，但对一般批量制造来说太慢了。

趋势分析（Trend Analysis）：旨在预测趋势，以及即将到来的时尚潮流和零售业发展的商业订阅服务。

UX 设计（UX Design）：用户体验设计。汽车设计中的一个新领域，专注于面向消费者的界面，尤其是电子系统、显示屏和品牌强化信息，例如欢迎信息的设计。

虚拟现实（VR）：用电子技术创建的环境，允许用户与被评估产品的数字化版进行交互，可能涉及全尺寸全息显示器，允许设计师四处走动并检查"虚拟"的全尺寸汽车设计方案，也用于向高级管理人员展示设计。

第7章
未来已来

综述　未来已来 前路漫漫

　　在 21 世纪第二个十年到来之际，我们回溯 130 年来的汽车设计史，正是经典的汽车设计塑造了世人所珍视的汽车文化（本书对文化传承中的许多优秀案例表达了敬意）。尽管汽车在风格、工程和性能方面发生的惊人变化值得称道，但它在本质上并没有变化，依然是一种旨在将驾驶者和乘客带到任何目的地的轮式自行机械，这也是大多数人喜欢汽车的原因。

　　然而，我们也不得不承认，汽车的使用是一种过于成功的模式，甚至危及汽车自身的生存。每个人都想成为汽车社会的一员，目前全球汽车保有量超过 12 亿台，驾驶行为已经达到并即将超越地球所能承受的极限，汽车使城市交通拥堵，交通事故造成了大量人员伤亡。近半个世纪以来，改善安全和限制排放的法规根本无法控制人们对拥有新车的渴望。汽车工业正处于历史转折点，汽车的能源形式以及人类使用汽车的特权都必须变革。

　　上述观点已经围绕着未来化的解决方案推进实施，部分方案已经开始引发关注，但大多数仍然只是制造商及其代表们的政治辞令和技术辩论。能做到零排放的电动汽车被视为对城市空气质量问题的绝佳回应，已经在成熟市场中大规模普及；氢能源汽车正在加利福尼亚州进行测试，半自动或全自动的无人驾驶汽车目前也在稳步推进中，以解决行驶安全问题和常规通勤的单调性问题。

　　上述解决方案通常都涉及中心化的政治承诺和大量的基础设施建设支出，因此会相当棘手，原因在于需要完全不同的交通网络来提供特大城市内的生态友好型交通方式。而且几乎任何全新的城市交通计划都隐含了新型城市专用车辆，这模糊了公共交通与个人交通之间的界限，尤其令人忌惮的是，它们的出现会限制公众使用自己钟爱的非自动驾驶内燃机汽车。

　　上述情景或许会让汽车和驾驶失去乐趣（如果未来还允许人们亲自驾驶汽车的话），这让汽车爱好者们忧心忡忡。危言耸听的专家甚至预言我们所熟悉的汽车时代即将终结。然而，就特斯拉这家最年轻、最激进的汽车公司提供的证据来看，这些担心很可能是杞人忧天：100% 电力驱动的 Model S 速度很快且很安全，驾驶起来也充满乐趣，并且能实现高度自动化。特斯拉所勾勒的未来场景看上去极具吸引力和现实性，并不像某些科幻小说所描绘的情景那般恐怖阴暗。也许特斯拉所呈现的与传统汽车的非对抗性路径，正是未来交通所需要的答案。

未来已来
继承还是重构

是先入为主，还是后来居上？

率先使用新技术值得吗？做追随者是否更明智？哈维兰（The de Havilland Comet）是第一家商用喷气机制造商，但真正在这一细分市场赚得盆满钵满的，却是后来的波音公司；NSU 和马自达率先采用了转子发动机，但此后再也无人跟进；本田拥有第一款混合动力汽车产品，但丰田却成了这一细分市场的领导者；日产和特斯拉是当下汽车电动化的先驱，但他们未来会地位不保吗？

高端之争

自 20 世纪 60 年代宝马开始挑战梅赛德斯 - 奔驰的霸主地位以来，两者就一直处于技术竞赛中。宝马率先推出了 V12 发动机，梅赛德斯则发明了制动防抱死系统（ABS）和稳定性控制系统；宝马开发了 iDrive 智能驾控系统，梅赛德斯则拥有七速自动变速器和自动防撞系统；两者都有插电式混合动力车型，那么，谁将第一个在汽车领域真正实现无人驾驶呢？

巨大的变革正在到来，且不以个人意志为转移。个人交通工具正在经历根本性的再定义，以适应未来碳中和的发展目标。如特斯拉一般的汽车新物种将层出不穷，新兴的汽车制造商与品牌也会不断涌现并形成新的产业秩序。传统车厂是会迅即适应新形势并生存下来，还是会像柯达公司那样因未能适应数码摄影革命而崩溃，这是个答案充满变数的问题。

可以肯定的是，当福特公司的产品规划人员在 20 世纪 60 年代初提出野马车型这个天才想法时，他们无法想象这款汽车将取得的现象级成功，更无法想象它在 50 多年后依然活力四射。野马（这类车在美国称为 Pony Car）和它的陪伴型竞品雪佛兰科迈罗（Camaro）经历了多代人的风风雨雨，但它们是吸引发烧友级客户的特殊汽车品类，通常的评价规则对它们并不适用。毫无疑问，两者都是快速、性能强大且自由奔放的车型，但它们的品牌所有者在 2030 年后是否会有足够的智慧来推出电动版科迈罗或氢能版野马？（福特已经在 2021 年发布了野马 Mach-E 智能纯电 SUV，译者注）

另一场旷日持久的激烈竞争则是围绕汽车的实用性而非肾上腺素飙升展开的，自 1966 年以来，本田思域（Civic）与丰田卡罗拉（Corolla/Auris）的竞争已经持续了十几代车型。本田的生态性看上去略胜一筹，因为思域拥有优秀的 1972 CVCC 发动机。在新能源化的道路上，尽管本田在 2000 年率先推出了混合动力车型，但丰田的解决方案明显更优秀。自此，本田在生态性方面被主要竞争对手超越了。这对来自东瀛的欢喜冤家会如何将竞争思维扩展到零排放的未来，让我们拭目以待。另一个可能性是，会不会有来自电子行业的汽车产业局外人悄悄潜入这场市场份额巨大且利润丰厚的竞争中？

大众高尔夫在中端市场同样经历了引人入胜的进化与革新之争。1974 年，高尔夫以清新、流畅的造型和精良的做工，迅速成为最受欢迎车型。经过八代车型的发展后，高尔夫已经是一款高度成熟的产品，大众为它准备了几乎所有形式的动力系统技术储备。然而，未来的生态环保型高尔夫还会是世人所公认的高尔夫吗？或许在面对未来碳中和发展路径时，高尔夫亟需一个崭新的身份。

未来已来

2020年代端倪尽现

老牌汽车制造商对产业前景的担忧是可以理解的。随着零排放法规的生效，内燃机开发和传统底盘动力学将被逐渐抛弃，而这两样是一百多年来他们的看家法宝。接下来很长一段时间里，定义不同制造商和车型元素的将是动力电池，它将取代魅力十足的内燃机。蜂拥上市的电动汽车基本都缺乏个性，但个性是一家汽车制造商品牌精神的关键组成部分。

随着技术路线的突然变轨，造车领域的新玩家们将迎来巨大机遇。年轻、灵活，并且不受沉重的传统技术管理费羁绊，这让新制造商充分抢夺了先发优势，并在新时代的移动出行产业中站稳了脚，创造了充足的利润。可以说，特斯拉是 21 世纪新生代汽车制造商的首个也是最好的案例，更多的新制造商不断涌现，特别是在高速发展的中国，他们目前已经是世界上最大的电动汽车和传统汽车市场了。

几家领先的传统汽车制造商已经摆开架势宣布了未来的电动化策略（同时注入品牌价值）。沃尔沃汽车将专注于性能的极星（Polestar）子品牌转变为一个独立的电动汽车品牌，其雄心显然与特斯拉相当。捷豹在 2016 年推出了紧凑型电动概念跨界车 i-Pace，并于 2018 年量产上市，行动快于来自德国的主要竞争对手们。

梅赛德斯的电动化品牌 EQ 在 2018 年年底推出了实用的跨界车型，很可能会在随后推出较廉价的掀背车型和其他衍生车型；其竞争对手宝马已经在多个级别的车型基础上推出了插电式混合动力版，还拥有 i3 掀背车和 i8 跑车两款纯电动车型；自 2016 年起，通用汽车的 Volt 和 Bolt 两款电动车型成为他们在北美市场的主要产品。

最具冲击力的将是大众集团，他们旗下的大众、奥迪、保时捷和宾利品牌展示了多款造型时尚的电动概念车。大众品牌外观新颖的 ID 电动掀背车已经于 2019 年上市，随后将推出一系列延展车型；奥迪的 e-tron 跨界车已经于 2018 年年末上市，同样的电动化技术也将出现在集团旗下的其他车型上。

风格制胜

对大众这样的高销量品牌来说，ID 概念车是一种出色的营销方式。高尔夫大小的 ID 掀背车让买家放心，电动汽车可以既时尚又有吸引力，电动化的 ID Buzz 和 ID Crozz 车型也为零排放的家庭汽车和跨界车确定了发展方向。

不走寻常路的宝马

2013 年发布 i3 车型后，宝马成为首个推出电动化子品牌的汽车制造商。2021 年发布的具有大幅提升的自动驾驶能力的 iNext 车型，设计上略显激进，强调了宝马所理解的巨大技术进步应该通过大胆外观设计风格来体现的设计理念。

设计阴谋

韩国的现代汽车公司以及日本的本田和丰田汽车公司都在氢燃料电池上下了很大赌注。但略显奇怪的是，日系车型的设计在他们宣扬技术先进性的广告中，总显得错综复杂且比例失衡。

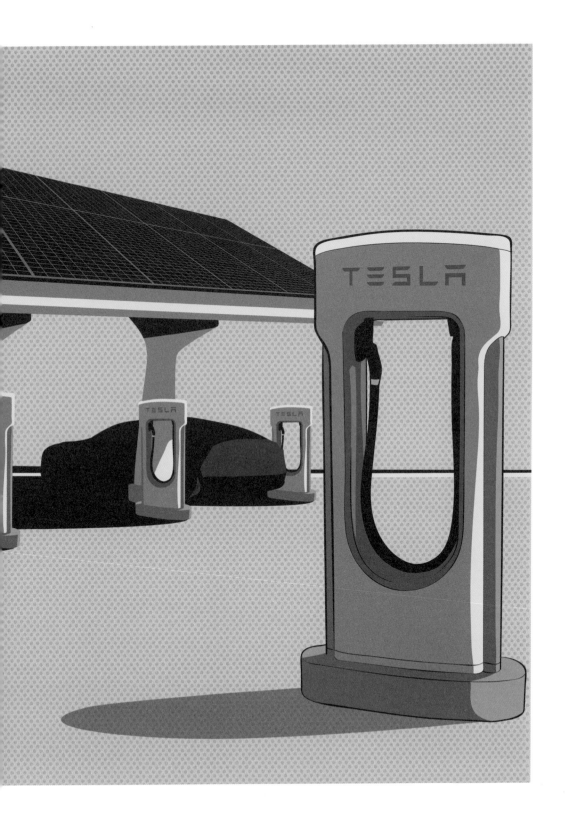

未来已来
新动力，新形式

对从头开始创造汽车外形的设计师来说，标准机械部件是令人烦恼的东西，它们笨重、坚硬、发出巨大的噪声。此外，它们的位置是相对固定的，这往往会限制设计师在驾驶舱和底盘周围设计最终车身造型的自由度。

电动汽车的情况则完全不同，即使是体量最大的动力电池组件也几乎可以安置在任何部位，需要的话，甚至可以分成几部分围绕底盘布置。驱动电机也非常小巧，甚至可以采用轮毂电机。电子控制单元同样几乎可以布置在车身上的任何位置。

假设消费者们愿意接受全新的设计形式，电动化带来的设计上的自由度，完全可以触发汽车设计的全面变革。于操控性而言，动力电池的最佳布置位置是地板中部，但这会使大多数车型变得略高，设计师只能以灵活的方式应对额外的高度，例如可以匹配更大的车轮来修饰车身侧面深度。对运动车型来说，动力电池可以安置在座椅后方，以实现更低的整车轮廓。

电动汽车通常不需要传统的发动机和变速器，因此修长的发动机舱就变得无关紧要。车身前部只需要有特定的碰撞吸能空间，这允许前部设计尽可能地缩短，也意味着风窗玻璃支柱可以前移，从而改变其倾斜度，使汽车获得更好的空气动力学性能，风阻系数的改变有利于解决电动汽车的里程焦虑问题。

由于减少了对前悬的需求，汽车的总长度可能会缩短，但会获得更长的轴距和更宽敞的内部空间。电动汽车几乎不需要依靠空气来冷却部件，因此进气格栅将成为过去式，设计工作的难点是必须找到新的方式去凸显品牌识别语言。简言之，这就是下一代设计师将面临的挑战：如何成功地将精心培育的汽车品牌价值移植到大相径庭的明日之车的造型中。

氢能的困境

与纯电动汽车相比，氢燃料电池汽车很难高效地进行总布置设计。氢气必须在高压状态下储存在坚固的储氢瓶中，而储氢瓶可以安置在地板下或行李舱中。用于提供电能的燃料电池组件正变得越来越小。

移动充电

雷诺和部分汽车制造商正在研发电动汽车不停车充电系统：道路的特定部分装有磁感电路，与移动的汽车相互作用产生感应电流，以为汽车充电。

太阳能增益

一些电动汽车的车顶上已经安装了太阳能板，用于提供电能，驱动空调系统。不久后，更大面积的太阳能电池板或折叠式太阳能集热器将投入应用，可以产生更大的电流来为动力电池充电。

未来已来
城市维度

巴黎的 Autolib 电动汽车分时租赁系统

2011 年，巴黎推出了电动汽车分时租赁系统 Autolib：用户需要先登录，通过验证后以每小时 14 欧元的价格，从分布在巴黎的 6000 个租赁点租用 4000 台小型蓝色汽车中的一台。后期，系统引入了针对小型货车租赁的 Utilib 计划。

引导还是无引导

如果有足够多的传统汽车用户在到达城市区域后切换成电动汽车，就肯定有助于空气质量改善，但对解决交通拥堵和缩短出行时间并没有帮助。因此，城市机动车是应该在拥堵情况下自动引导驾驶，还是无需引导由驾驶者独立驾驶，这是一个有待商榷的问题。

新一代出租车

小型城市出行终端能成为完美的市内出租车。上车后输入目的地，然后享受自动驾驶的"门到门"服务。但出租车司机该去做什么呢？

首当其冲的，是个人交通工具要在整体上为实现碳中和目标做出改变，尽管它们可能不再仅仅被定义为汽车。这意味着在空气质量已经达到临界水平的城市中，将使用电能或氢能作为出行能源；而对长途旅行来说，也许使用氢燃料电池混合动力系统，甚至使用匹配合成或可再生燃料的高效内燃机更合适。

城市中的改变迫在眉睫，漫长的交通拥堵和"肮脏"的燃油发动机对于环境和公众健康绝对是有害无益的。我们已经看到新一代小巧轻便的电动汽车开始普及，但它们仍然只是妥协方案。未来，对人口超过 1000 万的特大型城市而言，需要更系统化的集中解决方案。

或许功能区分将成为趋势：大型的、优质的电动汽车将用于城际交通。相应的，新一代城市专属小型车可以是私人所有的，或由政府运营的，以小时或天为计时单位租赁，就像巴黎的 AutoLib 电动汽车分时租赁系统，或其他一些城市的自行车租赁系统那样提供服务。

这类汽车不需要看起来像传统汽车，一般而言会更轻巧和小型化，与传统汽车设计类似，在设计思维上会受到摩托车和其他类型产品的影响。设计机构已经提出了一些令人信服的方案，甚至包括停靠站和消费者界面等相关内容的设计。但老牌汽车制造商将品牌延伸到城市中心出行服务上的价值到底如何，还有待观察。这类服务通常定义为公共交通与个人交通的独立性、隐私性间的一种折中模式。

一些汽车制造商宣称自己是品牌化的出行服务提供商，而不再是单纯的汽车制造商。那么，驶下高速公路后，在通往市中心的最后几英里路程上，停下自己的汽车，然后登上一台福特牌"新型出行终端"，这对公众而言会是极具吸引力的出行蓝图吗？设计师能以此作为品牌体验设计不可或缺的组成部分吗？

未来已来
新时代：自动驾驶汽车

自动驾驶的五个阶段

美国汽车工程师学会（SAE）确定了实现完全自动驾驶的五个阶段。第一阶段是解放双脚，汽车可以自主进行部分加速和制动操作；第二阶段允许一只手离开方向盘，汽车将负责部分转向操作；第三阶段是有条件的自动化，汽车自主运行，但仍需驾驶者干预；第四阶段是在特定条件下允许驾驶者移开视线，汽车提供全自动驾驶功能；第五阶段是完全"门到门"出行的自动驾驶。

设计仍然重要吗？

有些人认为，随着全自动驾驶汽车的普及和人们对驾驶活动兴趣的下降，汽车的外观设计和品牌将不再重要。当然，汽车设计师和品牌所有者们自然不会同意这个观点。

如果根本不需要驾驶者来控制转向会怎样？加速或制动也不需要驾驶者控制，方向盘、变速杆和踏板都取消了，甚至大部分的仪表、开关和按键也都取消了。汽车上需要的仅仅是一个停止／启动开关和一个用于输入导航目的地的界面。

就汽车设计而言，一切都将被颠覆，内饰设计尤甚。专属于驾驶者的座位不再有存在的意义，汽车操作系统可以由简单的手持式遥控器来替代，座椅可以随意转动，驾驶舱不再是专用于驾驶任务的操作空间，而会成为社交空间，类似于休息室或办公室的属性，并且在不同场景下都能提供舒适、豪华或商务的氛围。

对设计师而言，这涉及对汽车设计内容优先级的彻底重构。如果人们不再需要驾驶，驾驶乐趣不再是需要重点考量的因素，人们在车内的行为方式将是怎样的？长期以来，安全性决定了驾驶舱的空间结构和使用方式，而现在乘员们像舒服地围坐在餐桌边一样，必须考虑他们与旅伴面对面时的状态。另一个严峻的问题是，这样的空间氛围将是真正自由的，还是令人生畏的？

汽车设计师正在研究上述问题，并尝试从其他形式的交通工具中寻找启发，例如火车车厢、民航头等舱以及商务飞机的内饰等，就是重要的研究对象。要解决的核心问题是公众早已熟知的汽车品牌及其设计思路，应当如何合理地植入到这样的环境中。

汽车外饰设计也面临相同的挑战，显而易见的问题是如何通过设计将自动驾驶汽车与传统汽车区分开来，努力过后的最终结果很可能是新设计的产品仍会被视为汽车。对这个问题的思考肯定会不断发展，汽车制造商为了追求利润，肯定也会采用最佳的设计手段，将时下受众对品牌的宝贵忠诚度迁移到未来的新型汽车上。

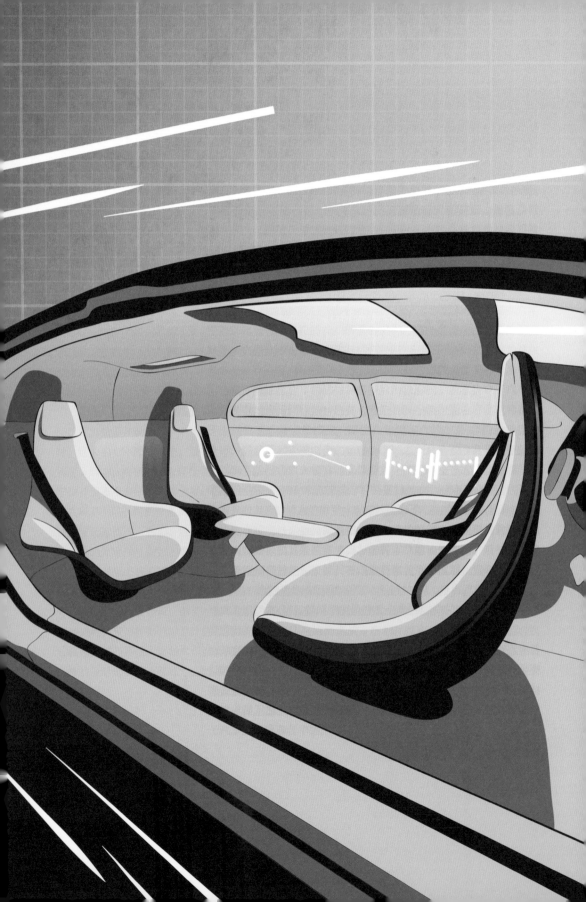

奔驰vs宝马：未来之战

任何一位热爱汽车、热爱驾驶的朋友都会对无人驾驶技术主导的"勇敢新世界"感到不安和茫然。没有什么事比这种感受更糟糕了——登上一个毫无特点的数字化塑料座舱，输入目的地后在剩下的行程中无所事事。

目前，除了科幻小说外，几乎没有其他内容能供我们想象未来汽车的模样。因此，公众对于未知但必将流行的未来出行产生担忧是可以理解的。奔驰和宝马这对德国豪华汽车品牌宿敌推出的两款对比鲜明的概念车，为未来预测者们勾画的蓝图提供了可见的实质性内容。

奔驰的作品可能会让汽车爱好者度过更多的不眠之夜。F015 Luxury in Motion 于 2015 年推出，车身健硕且光顺，4 扇车门开启后，可以看到开敞的冷白色皮革铺陈的座舱，里面有 4 个面对面排列的旋转座椅。如果乘车者想亲自驾驶，可以控制座椅转向前方，操作从仪表台上伸出的控制装置。这台车的车窗不是传统玻璃，而是能投射图像的屏幕。奔驰对这台车的定义是共享空间和私人休闲场所的集合。

Vision Next100 概念车是宝马为庆祝品牌百年诞辰在 2016 年设计的，它提供了一个更让人安心的未来愿景。尽管有着时尚的超级跑车外形，但 Vision Next100 实际上是一款大小与宝马 5 系相当的四座轿车，4 个座位都朝向前方，当驾驶者将驾驶模式由 Ease（自动）转向 Boost（运动）时，驾驶舱内部的形态会随之改变：一个轭式方向盘会从仪表台中伸出，仪表读数和导航信息将投射到风窗玻璃上，甚至可以显示推荐的转弯路线。最吸引人的莫过于这台车的黄铜色车身，车身完全包裹住 4 个车轮，轮拱部分能随车轮的转向动作改变外观形状。

尤为重要的是，宝马已经声明，iNext 是其应对未来挑战的重要举措，脱胎于 Vision Next100 的量产车已经在 2021 年推向市场（指 iX 纯电动 SUV，译者注）。也许我们不应当对未来的汽车设计过于悲观。

未来已来
什么造就了经典

怎样的汽车设计才能成为经典？这是一个争论不休的话题。典型的思维倾向于根据汽车的价值、声望、稀缺性、颜值或原创性来评判经典地位。基于这些因素，一台限量版的法拉利在所有方面都能得到高分；雪铁龙 DS 这样的技术先驱显然也是有资格获取"经典"称谓的；至于捷豹的 E-Type，虽然不是特别稀有，但颜值可以征服一切，明显也是"经典"的；而曾经大批量生产的福特 T 型车中，能幸存至今的孤品也当属经典之列。

然而，很多时候公众倾向于将稀有性与默默无闻混为一谈，以至于一些产量不高、没有什么价值的汽车奇迹般地获得了经典地位。鼓励失败而非成功，可能会带来意想不到的设计成果。有些失败的产品却充满了荣光和吸引力，比如只生产了几百台的宝马 507 跑车就受到了高度评价。而像奥斯汀大使（Ambassador）这样的车型，本应默默无闻，却被视为汽车史上的奇葩。

那么，经典车的积极历史意义究竟是什么呢？是在工程上的里程碑地位吗？早期的大众甲壳虫和 MINI，以及宝马和萨博的涡轮车型，都因此被广泛收藏。最后一代风冷保时捷 911（993）在当今被誉为经典，而 1997 年的丰田普锐斯（Prius）作为全球第一款市场化混合动力车型，却早已淹没于历史之中。未来的藏家们是否会将日产聆风当作第一款量产并热销的电动汽车来珍藏？也许现在谈论这个话题还为时尚早，毕竟，想要品鉴年份葡萄酒的品质，首先需要留出在瓶中充分发酵的时间。

情感因素在决定物品被珍惜或被抛弃方面起着重要作用，但这种情感通常是需要追溯的。尤其是对于像汽车这样无法收藏在抽屉里的大件日常用品，往往很难推测它未来是否有价值。那台破烂不堪的福特金牛座（Taurus）值得修复吗？那台行将散架的斯巴鲁翼豹（Impreza）会不会因为在 2030 年可能算作经典车而免于被送进粉碎机？未来它能否与阿尔法·罗密欧 GTV、宝马 3.0 CSL 或奥迪 Quattro 等公认的伟大车型并驾齐驱？或者像莫里斯 Minor、大众甲壳虫和菲亚特 500 等大规模量产车中不起眼的幸存者那样，激发公众的收藏欲望？

完全够格的经典之作

考虑一下雷诺 Avantime。它是有两个巨大车门和切入式尾部的高底盘 MPV，2001 年发布时消费者普遍对它感到困惑。两年后，负责组装它的供应商破产了，这导致其产量最终只有 8500 台。罕见而神秘，而且可能是史上第一台双门跨界车，Avantime 算是暂未被发现的经典吗？

粗犷的宾利

未来的市场会青睐宾利在超豪华 SUV 领域的首作——添越（Bentagya）吗？这款车健硕而粗犷，性能良好，颜值方面稍显逊色。未来的宾利爱好者会继续中意还是彻底唾弃它呢？

陈年美酒

有些设计历久弥新，跨越数十载风韵犹存，阿尔法·罗密欧 1954 年发布的 Guletta Sprint 就是典型代表。也有来自一流品牌却索然无味的车型：阿斯顿·马丁 DB7、法拉利 456GT 和 20 世纪 90 年代的捷豹 XK8，现在看起来，吸引力与品牌鼎盛时期的作品相差甚远。

未来已来
计算机控制的汽车能否成为经典？

自动驾驶汽车能否成为经典？

任何怀疑自动驾驶汽车有朝一日会成为收藏品的人都应该认真考虑一下游戏机的状况。这里说的不是最新潮的游戏设备，而是早期的那些具有开创性的游戏机和游戏卡，尽管曾经摆在旧货店和车库随意销售，但现在变得价值不菲。

黑胶唱片：古老的回归

许多发烧友长期以来坚持认为黑胶唱片比数字曲目音质更佳，其中一些人正在努力复兴黑胶唱片。五十年后，当自动驾驶成为普遍规则时，人类驾驶者只能在封闭的特定路段驾驶汽车，公众对于汽车的态度是否也会像对待黑胶唱片那样呢？

宝马 iNEXT

在 2016 年宝马的品牌百年庆典上，首席执行官承诺随着 iNext 车型的推出，公司将在 2021 年实现向自动驾驶时代的跃进。今天的 iX 能否成为 2071 年时人们眼中的经典呢？

正如前文所讨论的，成功的汽车设计是由多种因素决定的。比例与姿态、形面与体量的和谐性、细节设计的质量与适当性，以及目标与预期的符合度都非常重要。然而，只具备上述属性是很难奠定一台汽车在设计方面的经典地位的，收藏家们最热衷的附加价值是技术意义，以及勇于创新者所赋予的历史重要性和科技里程碑意义。宝马的首款涡轮增压车型就是典型代表。

如果更进一步思考，担当技术变革者角色的汽车产品一定会在每位藏家的清单上占据重要位置。宝马的碳纤维车身 i3、奥迪的铝质车身 A2 和特斯拉的 Model S，都开创了新的时代局面，成为面向未来的经典之作。当下，我们正处在崭新时代的门槛上，新秩序颠覆了几乎所有传统认知。因此，我们究竟应该珍视什么？是做旧时代的遗老，还是成为新时代的弄潮儿？

来自其他行业的证据表明，重大的技术变革可以颠覆原有的一切，但这并不是定论。在铁路爱好者中，蒸汽机车备受推崇，柴油机车和电力机车却几乎无人问津。20 世纪 80 年代，打字机在个人计算机横空出世后一夜落幕，但问题在于，如今谁还会关心这两样产品？同样，数字技术在世纪之交时已经摧毁了摄影界的胶片技术，那为什么还有人记得柯达，或继续沉迷于 35 毫米胶片单反相机呢？

自动驾驶汽车的出现将使这类先入为主的困境具体化。不管第一款自动驾驶汽车最终是什么样的，人类将如何看待和理解它呢？反过来，公众会不会为最后一款能由人类驾驶的汽车的存在而欢呼庆祝？再经过一代人，到 2050 年代，当如今看来具有开创性的自动驾驶汽车司空见惯时，我们会再度面临相似的矛盾心态吗？也许更核心的问题是，自豪的汽车拥有者是否还能"获准"去驾驶或乘坐早已作古的"人工驾驶汽车"？只有时间会告诉我们答案。

词汇表 未来汽车

空气质量（Air Quality）: 21 世纪初，主要城市中的一个严重健康问题，其中一些较严重的影响可归因于内燃机客车、出租车、公共汽车和货车排放的氮氧化物和颗粒物。

铝质空间框架（Aluminium Space Fram）: 一种汽车结构，由小型铝质承重框架组成，外部覆盖蒙皮，比大多数传统结构轻。

自动驾驶汽车（Autonomous Vehicle）: 能使用自己的系统承担部分或全部驾驶任务的汽车，用以减轻人类驾驶者的负担。美国汽车工程师学会确定了实现完全自动驾驶运行的五个阶段。第一阶段是解放双脚，汽车可以自主进行部分加速和制动操作；第二阶段允许一只手离开方向盘，汽车将负责部分转向操作；第三阶段是有条件的自动化，汽车自主运行，但仍需驾驶者干预；第四阶段是在特定条件下允许驾驶者移开视线，汽车提供全自动驾驶功能；第五阶段则是完全"门到门"出行的自动驾驶。

碳中和（Carbon Neutral）: 通过碳吸收或抵消来平衡碳排放的设备或过程，一些第二代生物燃料属于这一范畴。

碳纤维（Carbon Fiber）: 轻质且非常坚固的结构材料，主要用于赛车和超级跑车，宝马的 i3 和 i8 采用了大量碳纤维材料，以抵消动力电池带来的增重。

无人驾驶汽车（Driverless Vehicle）: 见自动驾驶汽车。

纯电动汽车（EV、BEV）: 仅依靠动力电池供能，没有增程器或其他动力源的汽车。

温室气体（GHG）排放: 机动车排放的主要温室气体是二氧化碳（CO_2），它是导致全球气候变化的主要因素。CO_2 排放量与燃烧的燃料量成正比，但其他排放物，例如甲烷（CH_4）和一氧化二氮（N_2O）也具有温室效应。

电网平衡（Grid Balancing）: 使用电动汽车吸收、储存电网电能，甚至将多余电能回馈给电网。可以有效提升电网容量，帮助平衡供需高峰和低谷。

特大型城市（Megacity）: 人口超过 1000 万的城市，通常覆盖大片区域，通常是人口从农村地区大规模迁移的结果。东京和雅加达是典型的特大型城市，分别有 3800 万和 3100 万居民。

换乘（Modal Shift）: 从一种交通工具转换到另一种交通工具的过程，例如停车赶火车，或在郊区换乘点由长途汽车换乘专用城市车辆。

联网（Networking）: 将不同类型的交通用户与交通基础设施通过网络连接，以协调交通流量，最大限度地提高系统容量，并最大限度地减少排放和能源消耗。

PHEV: 插电式混合动力汽车，具有更强劲的电机和更大容量动力电池的混合动力汽车，能以纯电动模式行驶并充电。

污染物排放（Pollutant Emissions）: 燃油汽车排放的有害化合物，包括烟尘 / 碳颗粒、氮氧化物和挥发性化合物，导致城市和区域空气质量恶化，以及臭氧层消耗等环境影响。

城市机动车（urban Mobility Vehicle）: 适用于未来大城市的专用电动汽车，作为传统汽车的替代品，被视为解决城市空气质量问题的可能方案。

零排放（Zero Emissions）: 车辆或系统在运转时仅排放无害排放物，例如水，纯电动和氢燃料电池汽车在运转时是零排放的。

本书所涉汽车设计师 / 公司生平 / 大事年表

SECTION 1 哈利·厄尔

1893　出生于洛杉矶

1918　担任定制车身车间主任

1920　结识通用汽车公司总裁阿尔弗雷德·斯隆

1927　创办通用汽车艺术与色彩部（Art and Color section），设计凯迪拉克 La Salle

1933　设计凯迪拉克 V-16 Aero-Dynamic Coupé

1938　设计别克 Y-Job，世界上第一款概念车

1940s　担任通用汽车公司副总裁

1947　设计别克 Roadmaster

1948　为凯迪拉克品牌引入"尾鳍"（Tail fins）设计

1949　为别克、凯迪拉克、奥兹莫比尔品牌引入"硬顶"（Hard tops）设计

1951　设计别克 LeSabre 概念车

1953　设计第一代雪佛兰克尔维特（Corvette）；举办首届"汽车寻梦旅"（Motorama）巡回车展

1954　设计庞蒂亚克 Firebird XP-21 燃气轮机研究车

1958　设计 Firebird II 概念车

1959　设计凯迪拉克 Eldorado

SECTION 2 宾尼法利纳

1930　巴蒂斯塔·"宾尼"·法利纳（Battista 'P-nin' Farina）创建宾尼法利纳车身制造厂（Carrozzeria Pininfarina）

1931　设计蓝旗亚 Dilambda

1935　设计阿尔法·罗密欧 6C Pescara coupé

1947　设计西斯塔尼亚（Cisitalia）202 GT coupé

1952　设计阿尔法·罗密欧 1900 Sprint Coupé

1954　设计蓝旗亚 Aurelia B24 S

1955　设计阿尔法·罗密欧 Giulietta Spider，标致 403

1958　设计奥斯丁 A40 Farina，法拉利 250GT

1961　巴蒂斯塔将公司移交给儿子赛吉奥（Sergio）

1966　巴蒂斯塔去世；设计阿尔法·罗密欧 Spider 1600 Duetto（于电影《毕业生》中出镜）

1968　设计 BMC 1800 "aerodinamica" 概念车

1969　设计标致 504 双门硬顶版及敞篷版

1971　设计法拉利 Berlinetta Boxer

1978　设计捷豹 XJ Spider 概念车

1979　设计 CNR "香蕉车"（banana car，空气动力学试验车）

1983　设计标致 205

1986　设计制造凯迪拉克 Allante

1987　为纪念法拉利成立 40 周年设计 F40

1992　设计法拉利 456 GT

1995　设计阿尔法·罗密欧 Spider 和 GTV

1997　设计标致 406 Coupé

1999　设计法拉利 360；设计 Metrocubo 城市汽车

2004　设计法拉利 F430

2005　设计阿尔法·罗密欧 Brera；设计玛莎拉蒂 Birdcage 概念车

2009　设计法拉利 458Italia；设计法拉利 California

2017　设计法拉利 812 Superfast

SECTION 3 雪铁龙

1878　安德烈·雪铁龙（Andr Citroen）出生于巴黎

1919	创建安德烈·雪铁龙汽车公司（Automobiles André Citroen），采用福特制造技术，推出 A 型车（Type A）
1924	推出雪铁龙 B10，欧洲第一款全钢车身汽车
1926	法国道路上 1/3 的汽车是雪铁龙品牌
1932	推出罗莎莉系列（Rosalie series）；雪铁龙成为世界第四大汽车制造商
1934	推出先进的前轮驱动 7A 型车（Type 7A Traction Avant），在业内引起巨大轰动
1934	雪铁龙公司破产，由轮胎制造商米其林（Michelin）接管
1935	安德烈·雪铁龙因癌症去世
1936	开发极简主义小型汽车
1938	2CV 车型进行首次测试
1948	正式推出 2CV
1955	DS 19 在巴黎车展上引起轰动
1961	针对中端市场推出 Ami 6
1965	收购苦苦挣扎的潘哈德公司（Panhard）
1968	控制玛莎拉蒂公司
1970	推出 SM 豪华跑车和 GS 紧凑型车
1974	被竞争对手标致拯救；CX 品牌取代 DS 品牌
1978	推出 Visa
1982	推出采用甘迪尼（Gandini）极化设计（Polarizing design）的 BX 中型车
1989	推出配备液气悬架的新旗舰车型 XM
1990	2CV 停产，总产量 510 万台
1998	为应对雷诺风景（Scenic），推出 Xsara Picasso
1999	C6 Lignage 概念车重振了雪铁龙品牌作为创新者的声誉
2001	推出 C3 掀背车
2005	推出 C1 城市汽车，与标致和丰田合资
2007	推出时髦的 C4 Cactus 概念车
2009	品牌诞生 90 周年，重新启用 DS 品牌，主打高端小型车市场
2010	DS 成为独立的高端品牌
2014	推出 C4 Cactus 量产型
2017	标致雪铁龙集团收购欧宝 - 沃克斯豪尔（Opel-Vauxhall）

SECTION 4　乔治亚托·乔治亚罗

1938	出生于意大利北部
1955	加入菲亚特，成为学徒设计师
1959	加入博通，设计阿尔法·罗密欧 2600 Coupé 和 Giulia GT、宝马 3200CS
1965	加入吉亚（Ghia），设计 Iso Grifo 和 Rivolta、Simca 1200S Coupé、玛莎拉蒂 Ghibli
1968	创建意大利设计工作室（Italdesign），设计 Bizzarini Manta、玛莎拉蒂 Bora、阿尔法·罗密欧 Alfasud
1971	开始设计大众帕萨特（Passat）、尚酷（Scirocco）和高尔夫（Golf）
1974	设计阿尔法·罗密欧 Alfetta GT 和 Alfasud Sprint coupé；完成大众高尔夫的设计
1975	在路特斯 Esprit 上引入"折纸式"（folded paper）设计语言
1978	设计蓝旗亚 Megagamma 概念车；设计宝马 M1、奥迪 80
1979	设计蓝旗亚 Delta
1980	工作室设计的低成本车型菲亚特 Panda 投产 23 周年
1981	设计德罗宁（DeLorean）DMC12，五十铃（Isuzu）Piazza
1983	设计菲亚特 Uno，将高车身比例引入超小型车领域
1984	设计萨博 9000、蓝旗亚 Thema、五十铃 Gemini/ 雪佛兰 Spectrum、西亚特 Ibiza
1993	设计菲亚特 Punto
1998	设计玛莎拉蒂 3200GT
1999	乔治亚罗当选为 20 世纪汽车设计大师（Car Designer of the Century）
2002	设计阿尔法·罗密欧 Brera，量产型于 2005 年上市
2003	设计兰博基尼 Gallardo
2004	设计菲亚特 Croma，以探索跨界车型架构
2005	设计菲亚特 Grande Punto
2007	设计菲亚特 Seidici/ 铃木 SX4
2010	大众集团收购意大利设计工作室 90% 股份
2015	乔治亚罗出售公司剩余股份并辞职

参考文献

Bayley, Stephen, and Conran, Terence: *The 4-Z of Desien*, Conran Octopus, London, 2007

Denison, Edward (ed): 30-*Second Architecture*, Ivy Press, Lewes, UK, 2013

Design Museum London and Nahum, Andrew: *Fifty Cars that Changed the World*, Octopus Books, London, 2009

Felicioli, Ricardo P: *Sergio Pininfarina, Studi & Ricerche*, Automobilia, Milan, 1998

Felicioli, Ricardo P: *Alfa Romeo, la Bellesa Necessaria*, Automobilia, Milan, 1994

Lewin, Tony: *A-Z of 21st Century Cars*, Merrell, London, 2011

Lewin, Tony: *The BMW Century*, Motorbooks, Minneapolis, 2016

Lewin, Tony (ed) and Newbury, Stephen: *The Car Design Yearbook*, vols 1-8, Merrell, London, 2002-2009

Lewin, Tony and Borroff, Ryan: *How to Design Cars Like a Pro*, *Ist and 2nd editions*, Motorbooks, Minneapolis, 2003 & 2010

Mason, George: Patrick le Quément, *Renault Design*, Automobilia, Milan, 2000

Polster, Bernd, et al: *The A-Z of Modern Design*. Merrell, London, 2009

Sparke, Penny: *A Century of Car Design*, Mitchell Beazley, London, 2002

Strasser, Josef: 50 *Bauhaus Icons You Should Know*, Prestel, Munich, 2009